Hans-Jürgen Papier

Die Stellung der Verwaltungsgerichtsbarkeit im demokratischen Rechtsstaat

SCHRIFTENREIHE
DER JURISTISCHEN GESELLSCHAFT e.V.
BERLIN

Heft 58

1979

DE GRUYTER · BERLIN · NEW YORK

Die Stellung der Verwaltungsgerichtsbarkeit im demokratischen Rechtsstaat

Von

Hans-Jürgen Papier

Vortrag
gehalten vor der
Berliner Juristischen Gesellschaft
am 29. November 1978

W
DE
G

1979

DE GRUYTER · BERLIN · NEW YORK

Dr. jur. *Hans-Jürgen Papier*
o. Professor für Öffentliches Recht an der Universität Bielefeld

CIP-Kurztitelaufnahme der Deutschen Bibliothek

Papier, Hans-Jürgen:
Die Stellung der Verwaltungsgerichtsbarkeit
im demokratischen Rechtsstaat : Vortrag ge-
halten vor d. Berliner Jurist. Ges. am 29.
November 1978 / von Hans-Jürgen Papier. —
Berlin, New York : de Gruyter, 1979.
(Schriftenreihe der Juristischen Gesellschaft
e.V. Berlin ; H. 58)
ISBN 3-11-008004-4

Satz und Druck: Saladruck, 1000 Berlin 36
Buchbindearbeiten: Berliner Buchbinderei Wübben & Co., 1000 Berlin 42

KARL AUGUST BETTERMANN
zum 65. Geburtstag 1978

I. Krisenerscheinungen in der Verwaltungsgerichtsbarkeit

Kündigt man einen den Grundsatzfragen der Verwaltungsgerichtsbarkeit gewidmeten Vortrag an, so kann dies gewisse Vorahnungen infernaler Art beim Hörer auslösen. Die Abgleitung des Rechtsstaats in einen Rechtsweg- oder Rechtsmittelstaat[1], die „Hypertrophie" des Rechtsstaats, Juridifizierung der Politik oder Politisierung der Justiz oder der berühmte Ausspruch *Paulus van Husens*[2] von der „Entfesselung der Dritten Gewalt" sind die bekannten Strophen eines das Rechtsleben der Bundesrepublik Deutschland ziemlich von Anbeginn an begleitenden Klageliedes[3]. In solchen düsteren Zusammenhängen einer Rechtsstaatskrise scheint die Befürchtung nicht ausgeschlossen, die deutsche Verwaltungsrechtspflege habe sich mittlerweile gar dem Anfang der 70er Jahre von *Wiethölter*[4], *Wassermann*[5], *Rasehorn*[6], *Görlitz*[7] u. a. gezeichneten Bild vom „politischen Richter" genähert. Von jenen Autoren wurde in einem Gemisch von Leerformeln, nebulosem Wortschwall, Gemeinplätzen und Gemeinheiten sowie unter Zurechtzimmerung eines Feindbildes vom herkömmlichen Richter als „bloßem Subsumtionsautomaten" ein Totalangriff auf die richterliche Gesetzesbindung unternommen. Man forderte vom Richter, zum Schutze der Schwachen „Beiträge zur Veränderung des status quo" zu leisten, den „Gesetzgeber in das Schlepptau einer fortschrittlichen

---

[1] Vgl. etwa *Forsthoff*, Rechtsstaat im Wandel, 1964, S. 213 ff.; *ders.*, Die Umbildung des Verfassungsgesetzes, Festschrift für Carl Schmitt, 1959, S. 35 (60); *ders.*, VVDStRL 14, S. 187 f.; F. *Klein*, VVDStRL 8, S. 117 ff.; *Jahrreiss*, in: Recht — Staat — Wirtschaft, Bd. II, 1950, S. 203 (213); W. *Weber*, Spannungen und Kräfte im westdeutschen Verfassungssystem, 1970, S. 29 f.

[2] AöR 78 (1952), S. 49 ff.

[3] Siehe dazu auch *Werner*, Das Problem des Richterstaates, in: Recht und Gericht in unserer Zeit, Reden, Vorträge, Aufsätze 1948—1969, hrsg. von K. A. Bettermann und C. H. Ule, 1971, S. 176 (177 f.); R. *Scholz*, Verwaltungsverantwortung und Verwaltungsgerichtsbarkeit, VVDStRL 34, S. 145 (147).

[4] Siehe ZRP 1969, S. 155 ff.

[5] Der politische Richter, 1972.

[6] In: Wassermann, Justizreform, 1970, S. 32 ff.; *Kaupen-Rasehorn*, Die Justiz zwischen Obrigkeitsstaat und Demokratie, 1971.

[7] Verwaltungsgerichtsbarkeit in Deutschland, 1970, S. 9 f.; S. 287 ff.

Rechtsprechung" zu nehmen, also Träger der außerparlamentarischen Opposition gegen den Gesetzgeber zu sein[8].

Daß jene die durch Art. 20 III und 97 I GG abgesteckten verfassungsrechtlichen Grenzen eindeutig überschreitenden Postulate zur richterlichen Entscheidungsfindung in der deutschen Verwaltungsgerichtsbarkeit zu keiner Zeit ernst genommen wurden und dort Widerhall fanden, ist offenkundig und bedarf keines besonderen Beleges[9]. In jenen Randzonen einer „Rechtsstaatsdämmerung" brauchen wir aktuelle Krisenerscheinungen der Verwaltungsgerichtsbarkeit nicht zu suchen.

Auf der anderen Seite kann nicht verschwiegen werden, daß in jüngster Zeit die Diskussion über Struktur, Nutzen und Funktionssinn des Verwaltungsrechtsschutzes auch in den ernstzunehmenden Bereichen von Theorie[10] und Praxis[11] radikaler geworden ist. Noch auf der Staatsrechtslehrertagung 1975, die sich mit der Verwaltungsgerichtsbarkeit und ihrem Verhältnis zur „Verwaltungsverantwortung" befaßte, meinten die beiden Referenten, R. *Scholz*[12] und E. *Schmidt-Aßmann*[13], in der Grundtendenz übereinstimmend, eine *krisenfreie* Verwaltungsgerichtsbarkeit feststellen zu können. Auch der seit einiger Zeit auf dem Tisch liegende, alle öffentlich-rechtlichen Gerichtsbarkeiten umfassende Entwurf einer „Verwaltungsprozeßordnung» läßt die

---

[8] Zur Kritik siehe vor allem *Dütz*, Funktionswandel des Richters im Zivilprozeß? ZZP 87 (1974), S. 361 (382 ff.); *Böckenförde*, Verfassungsfragen der Richterwahl, 1974, S. 87 ff.

[9] Siehe auch R. *Scholz*, VVDStRL 34, S. 148.

[10] Vgl. *Bachof*, Der Richter als Gesetzgeber? in: Tradition und Fortschritt im Recht, Festschrift zum 500jährigen Bestehen der Tübinger Juristenfakultät, 1977, S. 177 ff.; *Ossenbühl*, Die gerichtliche Überprüfung der Beurteilung technischer und wirtschaftlicher Fragen in Genehmigungen des Baus von Kraftwerken, in: Rechtsfragen des Genehmigungsverfahrens von Kraftwerken, Veröffentlichungen des Instituts für Energierecht an der Universität zu Köln, Heft 41/42, 1978, S. 39 ff., 57 ff.

[11] Siehe die Stellungnahmen von *Bettermann*, *Bischoff* (Präsident des OVG Münster) und Johann *Schmidt* (Präsident des BayVGH) auf der 46. Staatswissenschaftlichen Fortbildungsveranstaltung der Hochschule für Verwaltungswissenschaften Speyer zum Thema: Die Vereinheitlichung der Verwaltungsprozeßgesetze zu einer Verwaltungsprozeßordnung, inhaltlich wiedergegeben bei *Papier*, DÖV 1978, S. 322 ff.; vgl. ferner die Diskussion der Deutschen Vereinigung für Parlamentsfragen e. V. zum Thema: Gesetz oder Urteil? Parlamente und Verwaltungsgerichtsbarkeit; Stenographische Niederschrift der Veranstaltung am 22. Februar 1978 in Bonn.

[12] VVDStRL 34, S. 147/8.

[13] VVDStRL 34, S. 222/3.

bestehenden Grundstrukturen der allgemeinen Verwaltungsgerichtsbarkeit unangetastet[14]. Demgegenüber wird neuerdings, und zwar nicht nur in der Lehre, sondern auch in der Verwaltungsrichterschaft selbst[15], die Forderung nach grundlegenden Strukturveränderungen in der Verwaltungsgerichtsbarkeit sowie nach einer Verwaltungsgerichtsbarkeit laut, die nicht länger aufgrund vorgegebener Struktur- und Funktionsbedingungen zum Ungleichgewicht zwischen den wahrzunehmenden Staatsaufgaben einerseits und den öffentlich-rechtlichen Entscheidungsmechanismen andererseits führt.

Die Gründe für diese neuerliche Radikalität der Fragestellungen können im wesentlichen folgendermaßen umrissen werden:

Die deutschen Verwaltungsgerichte sind in jüngster Zeit einer bisher nicht dagewesenen und nie vorausgesehenen Flut von Klagen und sonstigen Rechtsbehelfen ausgesetzt. Die Zahl der Eingänge bei den Verwaltungsgerichten stieg von 1970 bis 1975 im Durchschnitt um etwa 86 %, von 1975 auf 1976 dann noch einmal um 25 %[16]. Dadurch — wenn auch nicht allein dadurch — erlangen die Prozesse eine Dauer, die in vielen Fällen allen Ernstes die Frage nach dem Sinn der verwaltungsgerichtlichen Kontrolle aufwerfen muß. Es traf den deutschen Verwaltungsrechtler schon tief ins Mark, als der Europäische Gerichtshof für Menschenrechte den deutschen Verwaltungsgerichtsschutz — immer der ganze Stolz unserer Disziplin — in einem sicher nicht ganz typischen Fall schlicht als menschenrechtswidrig bezeichnete[17].

Anders als in dem dem Gerichtshof unterbreiteten Fall benötigen die Verwaltungsprozesse im allgemeinen sicher nicht annähernd *zehn* Jahre für die *erste* Instanz. Daß es aber fünf bis acht Jahre dauert, bis eine rechtskräftige Entscheidung vorliegt, ist bei den verwaltungsgerichtlichen Verfahren sicher keine Seltenheit. Die durchschnittliche Gesamtprozeßdauer im verwaltungsgerichtlichen Verfahren wird heute auf sechs Jahre ge-

---

[14] Entwurf einer Verwaltungsprozeßordnung, vorgelegt vom Koordinierungsausschuß zur Vereinheitlichung der Verwaltungsgerichtsordnung, der Finanzgerichtsordnung und des Sozialgerichtsgesetzes, hrsg. vom Bundesminister der Justiz, 1978.

[15] Siehe oben Anm. 10 u. 11.

[16] Siehe dazu *Ule*, 25 Jahre Bundesverwaltungsgericht, DVBl. 1978, S. 553 (561); *ders.*, Rechtstatsachen zur Dauer des Verwaltungs-(Finanz-)Prozesses, 1977.

[17] Urteil vom 28. Juni 1978 — Fall König —, EuGRZ 1978, S. 406 ff.

schätzt, in jeder der drei Instanzen dauert es heute schätzungs-
weise im Durchschnitt *zwei* Jahre, bis eine Endentscheidung er-
geht[18]. Es sei beispielsweise erwähnt, daß der Teilgenehmigungs-
bescheid, der dem Verwaltungsrechtsstreit „Atomkraftwerk Kalkar" zugrunde liegt, am 18. Dezember 1972 ergangen ist. Im
August 1977 fand die erste mündliche Verhandlung in der
Berufungsinstanz vor dem Oberverwaltungsgericht Münster
statt. Dieses hat bekanntlich das Verfahren zwecks Vorlage an
das BVerfG nach Art. 100 I GG ausgesetzt[19], so daß eine rechtskräftige verwaltungsgerichtliche Entscheidung u. U. noch lange
auf sich warten lassen wird. Teilweise sind die Verwaltungsgerichte bei besonders spektakulären Verfahren um eine zügige Erledigung bemüht. Das Verfahren um das Kohlekraftwerk der
Steag in Voerde, das einen Vorbescheid aus dem Jahre 1974 zum
Gegenstand hatte, endete immerhin bereits im Februar 1978 mit
einer rechtskräftigen Entscheidung des BVerwG[20]. Man darf dabei aber nicht verkennen, daß eine solche zügige Abwicklung
eines Mammutprozesses auf Kosten der Dauer anderer Verfahren geht. Der Berichterstatter ist während vieler Monate nahezu
ausnahmslos mit diesem Verfahren beschäftigt. In dieser Zeit
bleiben viele andere Rechtsschutzbegehren liegen[21].
  Eng zusammen mit dem Zeitproblem hängt die in vielen Fällen feststellbare Disfunktionalität der öffentlich-rechtlichen Or-
gan- und Entscheidungsstrukturen[22]. Genehmigungen für industrielle oder verkehrsbezogene Großvorhaben werden heute
wohl ausnahmslos vor den Verwaltungsgerichten angefochten.
Solche Genehmigungen bzw. Planfeststellungsbeschlüsse bedürfen heute also — faktisch gesehen — der verwaltungsgerichtlichen „Bestätigung". An ein sehr aufwendiges administratives
Genehmigungsverfahren, das unter Einschaltung einer großen
Zahl von Sachverständigen und unabhängigen Kommissionen

---

[18] *Ule*, DVBl. 1978, S. 561.
[19] Beschluß vom 18. August 1977, NJW 1978, S. 439. Das BVerfG hat in
seinem inzwischen bekanntgegebenen Beschluß vom 8. August 1978 die Ver-
fassungs*mäßigkeit* des § 7 AtG festgestellt.
[20] Urteil vom 17. Februar 1978, NJW 1978, S. 1450.
[21] Siehe auch *Gelzer*, Die sofortige Vollziehung von Genehmigungsbescheiden für industrielle Großanlagen und Kernkraftwerke, BauR 1977, S. 1
(5).
[22] Vgl. *Ossenbühl*, aaO. (Fn. 10), S. 39 f., 58 ff.; *Breuer*, Wirksamer
Umweltschutz durch Reform des Verwaltungsverfahrens- und Verwaltungsprozeßrechts? NJW 1978, S. 1558 (1560).

durchgeführt wird, zum Teil an ein zusätzlich vorgeschaltetes Widerspruchsverfahren[23], schließt sich dann ein dreistufiges Gerichtsverfahren an, das den in technisch-naturwissenschaftlicher Hinsicht höchst komplexen Sachverhalt in zwei Instanzen nochmals aufklärt. Dieses Verfahren wird regelmäßig ergänzt durch ein gerichtliches Eilverfahren, das dem Hauptsachenprozeß vorgelagert ist bzw. mit diesem teilweise parallel läuft. Wegen der oben geschilderten Dauer der Hauptsachenprozesse werden solche einstweiligen Verfahren heute immer häufiger eingeleitet. Die Gerichte sehen sich wegen des Zeitfaktors auch in zunehmendem Maße veranlaßt, schon in diesem Eilverfahren die Sach- und Rechtslage möglichst umfassend zu klären[24]. Diese Stufen des verwaltungsgerichtlichen Verfahrens können im Falle der Zurückverweisung durch das Revisionsgericht noch vermehrt werden. Ferner ist zu berücksichtigen, daß ein solches mehrstufiges Gerichtsverfahren bezüglich eines Vorhabens nicht nur *einmal* durchgeführt wird. Solche Projekte werden bekanntlich stufenweise genehmigt. Es ergehen Vorbescheide[25] und Teilgenehmigungen[26], an die sich jeweils die geschilderten gerichtlichen Verfahren anschließen können. Bei dieser Sachlage ist die Feststellung unausweichlich, daß in gewissen, für das Gemeinwesen essentiellen Bereichen die öffentlich-rechtlichen Entscheidungsstrukturen den Aufgabenstellungen des modernen, planenden und vorsorgenden Staates ebenso wie den Bedürfnissen einer investierenden Wirtschaft nicht mehr gerecht werden[27].

Die Kritik an der gegenwärtigen Verwaltungsgerichtsbarkeit richtet sich drittens gegen das Ausmaß oder die „Dichte" der richterlichen Kontrolltätigkeit[28]. Den Verwaltungsgerichten wird

---

[23] Etwa bei den Genehmigungen nach den §§ 4 ff. BImSchG.
[24] Vgl. dazu *Papier*, Rechtsfragen des Sofortvollzugs, in: Rechtsfragen des Genehmigungsverfahrens von Kraftwerken, Veröffentlichungen des Instituts für Energierecht an der Universität zu Köln, Heft 41/42, 1978, S. 86 (90 ff.).
[25] Siehe §§ 7 a AtG, 9 BImSchG.
[26] §§ 8 BImSchG, 7 Abs. 4 Satz 3 AtG.
[27] So insbesondere auch *Ossenbühl*, aaO. (Fn. 10), S. 60 ff.
[28] Siehe *Ossenbühl*, aaO. (Fn. 10), S. 46 ff.; vgl. zu diesem Problem auch *Rengeling*, Umweltschutz im Verwaltungsverfahrens- und Verwaltungsprozeßrecht, JZ 1978, S. 453 (457); *Breuer*, Legislative und administrative Prognoseentscheidungen, Der Staat 16 (1977), S. 21 ff. (47 ff.); *ders.*, Wirksamer Umweltschutz durch Reform des Verwaltungsverfahrens- und Verwaltungsprozeßrechts? NJW 1978, S. 1558 (1560); *Schmitt Glaeser*, Der Landkreis, 1976, S. 442 f.

zunehmend vorgeworfen, sie griffen auf die politischen Funktionen der ersten und zweiten Gewalt über oder eigneten sich diese Funktionen gar selbst an, so daß das „gouvernement des juges" in der Bundesrepublik Deutschland in beträchtlichem Umfange bereits Wirklichkeit geworden sei[29].

Die Warnungen vor dem „Justizstaat" sind — wie eingangs erwähnt — nicht neu. Neu ist aber der Umstand, daß sich die diesbezügliche Kritik zunehmend auf die Verwaltungsgerichtsbarkeit konzentriert. Es geht auch nicht mehr nur um die recht allgemeine Skepsis gegenüber der vom Grundgesetz und den Prozeßgesetzen gewollten umfassenden Rechtswegeröffnung[30]. Die Kritik setzt heute vielmehr an bei den in den letzten Jahren zahlenmäßig sprunghaft angestiegenen Urteilen und Beschlüssen der Verwaltungsgerichte, die im unmittelbaren Bezugs- oder Spannungsfeld zu den wirtschaftspolitischen, energiepolitischen, verkehrspolitischen, sozial- und kulturpolitischen Grundsatzentscheidungen und Zielvorstellungen der staatsleitenden Gewalten ergangen sind. In diesem Lande wird zunehmend die Sorge geäußert, daß das politische Geschehen verstärkt von den Gerichten und nicht von den politischen Instanzen bestimmt werde. Diese Sorge bezieht sich vor allem auf die verwaltungsgerichtlichen Entscheidungen über die Zulässigkeit umweltrelevanter Großvorhaben, sofern durch diese Entscheidungen Prognosen der Exekutive oder Legislative über das wirtschaftliche Wachstum, über den künftigen Energiebedarf, über die künftige Bedeutung anderer Energiequellen, über die Entwicklungen am Arbeitsmarkt oder über die Gefahren neuartiger Techniken und die Möglichkeiten ihrer Beseitigung durch richterliche Gegenprognosen ersetzt oder korrigiert oder diesbezügliche Regierungs- und Verwaltungsziele durchkreuzt bzw. in ihrer Verwirklichung behindert werden.

---

[29] Siehe etwa Ulrich *Dübber*, MdB, Veranstaltung der Deutschen Vereinigung für Parlamentsfragen (Fn. 11), S. 3; *Pinger*, MdB, aaO., S. 28, 64 f.; vgl. auch *Bachof*, Der Richter als Gesetzgeber? (Fn 10), S. 177 ff. Kritisch gegenüber solchen Behauptungen *Bender*, Der Verwaltungsrichter im Spannungsfeld zwischen Rechtsschutzauftrag und technischem Fortschritt, NJW 1978, S. 1945 (1950).

[30] Mit dieser Kritik hat sich *Werner* eingehend auseinandergesetzt: Zur Kritik an der Verwaltungsgerichtsbarkeit, in: Recht und Gericht (s. Fn. 3), S. 304 ff.; Bemerkungen zur Funktion der Gerichte in der gewaltenteilenden Demokratie, aaO., S. 165 ff.; Das Problem des Richterstaates, aaO., S. 176 ff.

II. Verfahrensrechtliche Konsequenzen

Die erstgenannten Krisenerscheinungen wie Prozeßflut, Verfahrensdauer und Disfunktionalität der Entscheidungs- und Kontrollmechanismen sind augenfällig. Sie bedürfen keiner weiteren ausbreitenden Beschreibung. Wichtig ist insoweit nur die Frage, mit welchen verwaltungsverfahrens- und prozeßrechtlichen Mitteln man diesen Krisenerscheinungen begegnen kann. Ich will dieses Problem hier an sich nicht vertiefen, doch gestatten Sie mir die Erwähnung derjenigen Möglichkeiten, die für die im Mittelpunkt stehenden Genehmigungsverfahren bei Großvorhaben am geeignetsten erscheinen. Zum einen müßten (schon) die *Verwaltungsverfahren* für einige wichtige Genehmigungsfälle rechtlich neu strukturiert werden[31]. Insbesondere das Verfahrensrecht der atomrechtlichen Anlagengenehmigung müßte dringend in sinnvoller Weise sachlich abgestuft, also dekonzentriert werden. Statt der bisherigen „allumfassenden" Anlagengenehmigung könnte eine Aufteilung in eine Standortplanfeststellung und eine Anlagenzulassung treten[32] und beide Verfahren zusätzlich durch eine Bauartenzulassung oder standortunabhängige Projekt- bzw. Typengenehmigung entlastet werden[33]. Auf diese Weise könnte auch die *verwaltungsgerichtliche* Kontrolle für die Beteiligten zeitgerechter und überdies durch abschichtbare Problembewältigung einfacher gestaltet werden. Auf der anderen Seite gibt es außerhalb des Planfeststellungsrechts noch allzu oft die Parallelität mehrerer Genehmigungsverfahren wegen ein und desselben Vorhabens[34]. Die Vorschrift des § 13 BImSchG, nach der die immissionsschutzrechtliche Genehmigung andere öffentlich-rechtliche Genehmigungen, Zulassungen, Verleihungen, Erlaubnisse und Bewilligungen umschließt, findet derzeit beispielsweise im Verfahrensrecht der atomrechtlichen Genehmigung keine Entsprechung.

[31] Siehe etwa *Breuer*, NJW 1978, S. 1565 f.; *Friauf*, Das Standortplanfeststellungsverfahren als Rechtsproblem, in: Rechtsfragen des Genehmigungsverfahrens von Kraftwerken, Veröffentlichungen des Instituts für Energierecht an der Universität zu Köln, Heft 41/42, 1978, S. 63 ff. (66 ff.).
[32] So insbes. *Friauf*, aaO. (Fn. 31), S. 76 ff.
[33] Siehe auch *Breuer*, NJW 1978, S. 1565 f.; *Bender*, Empfehlen sich unter dem Gesichtspunkt notwendigen Umweltschutzes ergänzende Regelungen im Verwaltungsverfahrens- und Verwaltungsprozeßrecht? Referat auf dem 52. Deutschen Juristentag, These A II 3; kritisch *Hansmann*, aaO., These 11.
[34] Für eine solche „horizontale Konzentration" *Breuer*, NJW 1978, S. 1565 f.; *Bender*, aaO. (Fn. 33), These A II 3.

Schließlich erscheint es angemessen, den Verwaltungsrechts-
schutz auf *eine* Tatsacheninstanz zu begrenzen[35]. Die Statistik
weist m. E. eindeutig diesen Weg! Die rechtstatsächlichen Unter-
suchungen *Ules*[36] haben ergeben, daß in nur knapp 25 % aller
untersuchten Berufungsverfahren eine Beweisaufnahme stattge-
funden hat. Neues Vorbringen spielt mit 4,6 % im Verwaltungsprozeß der 2. Instanz nahezu überhaupt keine Rolle[37]. *Ule*
kommt zu dem Ergebnis, daß in 3/4 aller Fälle die Berufungsinstanz im Verwaltungsprozeß nicht die Bedeutung einer Tat-
sachen-, sondern einer Revisionsinstanz hat[38]. Auch von den-
jenigen, die dennoch prinzipiell eine zweite Tatsacheninstanz
befürworten, wird zum Teil jedenfalls dann eine Verkürzung
des Instanzenzuges akzeptiert, wenn es sich bei dem vorausge-
gangenen Verwaltungsverfahren um ein „förmliches Verwaltungsverfahren" oder um ein Planfeststellungsverfahren handelt[39]. Die hier angesprochene Disfunktionalität des Verfahrens-
rechts tritt aber schwerpunktmäßig ohnehin dort auf, wo schon
das Verwaltungsverfahren besonders „formalisiert" ist. Die Re-
duzierung auf eine Tatsacheninstanz hätte neben der Verfahrens-
verkürzung den weiteren Vorteil höherer Qualifikation der in
der Tatsacheninstanz tätigen Richter. Die immer wieder — m. E.
zu Recht — geforderte gesteigerte, diversifizierte juristische
Rollenerfahrung des Verwaltungsrichters[40] wäre so — und
zwar *nur* so — realisierbar.

Auch das im geltenden Recht verankerte Prinzip der Repres-
sivität der Verwaltungsgerichtskontrolle wäre zu überdenken.
Bei hochkomplexen Verwaltungsentscheidungen wäre — *Better-*

---

[35] Dafür insbes. der Präsident des Oberverwaltungsgerichts Münster,
Bischoff, sten. Niederschrift (aaO., Fn. 11) S. 23; *Ossenbühl*, aaO. (Fn. 10),
S. 62; siehe auch *Maetzel*, Instanzverkürzungen im Verwaltungsprozeß?,
DÖV 1977, S. 626 ff.; dagegen dezidiert *Bender*, aaO. (Fn. 33), These B I 2;
ders., NJW 1978, S. 1952.
[36] Rechtstatsachen zur Dauer des Verwaltungs-(Finanz-)Prozesses, 1977.
[37] AaO., S. 224.
[38] AaO., S. 224.
[39] *Ule/Laubinger*, Verwaltungsverfahrensrecht, 1977, S. 16; *dieselben*, Empfehlen sich unter dem Gesichtspunkt der Gewährleistung notwendigen Umweltschutzes ergänzende Regelungen im Verwaltungsverfahrens- und Verwaltungsprozeßrecht? Gutachten für den 52. Deutschen Juristentag, 1978,
S. 89.
[40] Siehe etwa *Zacher*, Diskussionsbeitrag, in: VVDStRL 34, S. 285.

mann hat vor einiger Zeit darauf hingewiesen[41] — eine „ursprüngliche" oder präventive Gerichtskompetenz eine diskutable Möglichkeit, die aufgetretene Disfunktionalität der Entscheidungs- und Kontrollmechanismen zu beseitigen.

III. Richterliche Amtsanmaßung?

Mit diesen Andeutungen zur verfahrensrechtlichen Neustrukturierung möchte ich es bewenden lassen und mich nun dem in der Öffentlichkeit immer häufiger erhobenen Vorwurf der richterlichen Amtsanmaßung, der Usurpation politischer Funktionen der ersten und zweiten Gewalt durch den Richter zuwenden. Hier erscheint mir schon für eine zutreffende Diagnose tatsächlicher Krisenerscheinungen eine differenziertere und tiefergreifende Betrachtung erforderlich.

1. Der legitime Rechts(fort-)bildungsauftrag der Judikative

Diese Analyse darf zunächst nicht von einer antiquierten Gewaltentrennungsidee vergangener Jahrhunderte als Maßstab ausgehen, die weder den positiven grundgesetzlichen Normierungen, noch den heutigen Gegebenheiten und Möglichkeiten der Gesetzgebung, noch den realen Entscheidungsfindungsprozessen der Judikative gerecht werden kann[42]. Für *Montesquieu* war die richterliche Gewalt „en quelque façon invisible et nulle"[43], und die Richter erschienen ihm nur als „der Mund", der die Gesetze des Staates spreche, „leblose Wesen, die weder seine Stärke noch seine Härte zu mildern vermögen".

---

[41] Referat auf der 46. Staatswissenschaftlichen Fortbildungstagung der Hochschule für Verwaltungswissenschaften Speyer; dem Inhalt nach wiedergegeben bei *Papier*, DÖV 1978, S. 324.

[42] Siehe auch Hans *Huber*, Niedergang des Rechts und Krise des Rechtsstaates, in: Demokratie und Rechtsstaat, Festgabe zum 60. Geburtstag von Zaccaria Giacometti, 1953, S. 59 ff. (65 f.); *Werner*, Bemerkungen zur Funktion der Gerichte in der gewaltenteilenden Demokratie, in: Recht und Gericht in unserer Zeit (Fn. 3), S. 165 (170 f.); *ders.*, Das Problem des Richterstaates (Fn. 3), S. 186 ff.; vgl. ferner *Dütz*, ZZP 87 (1974), S. 380 f.

[43] Zitiert nach Werner *Weber*, Die Teilung der Gewalten als Gegenwartsproblem, Festschrift für Carl Schmitt zum 70. Geburtstag, 1959, S. 253 (256 f.); siehe ferner *Werner*, Bemerkungen zur Funktion der Gerichte (Fn. 42), S. 170 f.

16

Montesquieu und viele nach ihm ließen sich von der Gerichtsbarkeit ihrer Zeit inspirieren, die sich als Straf- und Zivilge-
richtsbarkeit im wesentlichen auf die privaten Lebensbereiche
erstreckte[44]. Die heutige Justiz, vornehmlich die Verwaltungsgerichtsbarkeit, hat kraft Verfassungsrechts Aufgaben überneh-
men müssen, „die in das Zentrum unserer gegenwärtigen politischen Existenz führen"[45]. Insbesondere durch Art. 19 IV GG
hat der vom Grundgesetz konstituierte Rechtsstaat eine beson-
dere Prägung erfahren[46]: Der rechtsprechenden Gewalt ist die
Kontrolle von Verwaltung *und* Gesetzgebung übertragen. Schon
mit der Anerkennung eines materiellen Prüfungsrechts des Richters entfielen Grundvoraussetzungen des Gesetzespositivismus
und der klassischen Gewaltenteilungsdoktrin: nämlich die Rich-
tigkeitsvermutung des Gesetzes[47].
Zu dieser „Prononcierung" der rechtsprechenden Gewalt[48]
und der „Entthronung" des Gesetzgebers[49] tritt die Absage an
eine vom juristischen Positivismus geprägte Vorstellung, daß
alles, was nicht Gesetzgebung sei, sich in einem subsumtiven
und deduktiven Rechtsanwendungsprozeß erschöpfe, also aus-
schließlich erkenntnishafter Vollzug eines geschlossenen gesetzgeberischen Normensystems sei[50]. Jene Vorstellung mag auf dem
Höhepunkt des Gesetzgebungsstaates, in der Zeit der großen
Kodifikationen, die von der Idee der Lückenlosigkeit des Ge-
setzesrechts geleitet waren, eine gewisse Berechtigung gehabt
haben[51]. Schöpferische Willensakte im richterlichen Rechtsfindungsprozeß fielen zumindest nicht störend auf, weil sie von
einheitlichen und anerkannten Wertvorstellungen des Gemeinwesens, jedenfalls der es tragenden Kräfte, geprägt waren[52].

[44] Siehe auch *Werner*, Bemerkungen zur Funktion der Gerichte (Fn. 42),
S. 171.
[45] *Werner*, aaO. (Fn. 44).
[46] Siehe auch *Bettermann*, Die Rechtsweggarantie des Art. 19 Abs. 4 GG
in der Rechtsprechung des Bundesverfassungsgerichts, AöR 96 (1971),
S. 528 f.
[47] *Werner*, Das Problem des Richterstaates (Fn. 3), S. 188.
[48] *Bettermann*, AöR 96 (1971), S. 528.
[49] Siehe dazu *Werner*, Das Problem des Richterstaates (Fn. 3), S. 186 ff.;
ders., Bemerkungen zur Funktion der Gerichte (Fn. 42), S. 167 ff.
[50] Siehe Hans *Huber*, Niedergang des Rechts (Fn. 42), S. 65 f.; *Dütz*,
ZZP 87 (1974), S. 380 f., 390 ff.
[51] Vgl. *Werner*, Bemerkungen zur Funktion der Gerichte (Fn. 42), S. 170;
ders., Das Problem des Richterstaates (Fn. 3), S. 187.
[52] Siehe auch *Dütz*, ZZP 87 (1974), S. 380 f.

Der heutige, die massengesellschaftlichen Bedürfnisse befriedigende und die massengesellschaftlichen Funktionsabläufe steuernde Gesetzgeber kann mit seinem „kompaßlosen Voluntarismus"[53] und augenblicksgeprägten Dezisionismus nicht mehr unter dem Anspruch eines der Idee nach geschlossenen gesetzgeberischen Normensystems auftreten. Seinen Rechtssätzen und Institutionen fehlt überwiegend die „Vorformung" durch gesellschaftliche Ordnungsvorstellungen. Seine Begriffe sind mehrheitlich traditionslose Zweckschöpfungen, nicht selten überdies voller dilatorischer Formelhaftigkeit. Auf der Grundlage der heutigen Plan- und Zweckgesetze, eines reglementierenden, technisierten und spezialisierten „Situationsrechts"[54] ist die *richterliche* Rechtsschöpfung offenbar geworden. Die richterliche Tätigkeit beschränkt sich nicht auf syllogistische Erkenntnisakte, ist nicht auf das Auffinden und Nachvollziehen bereits getroffener rechtsgesetzlicher Wertungen beschränkt. Sie umfaßt stets auch voluntative Elemente, also schöpferische Willensakte, ist geprägt durch subjektivdezisionäre und wertende Faktoren[55].

Nur wer die Tatsache eines rechtsschöpferischen Urteilens durch die Richter, das Hinauswachsen der rechtsprechenden Gewalt aus einer bloßen „Hilfsgewalt"[56] und die Übernahme eines — notwendig begrenzten[57] — Rechtsfortbildungsauftrages zur Kenntnis nimmt, kann *wirkliche* Krisenerscheinungen im Verhältnis der Rechtsprechung zu den anderen Staatsgewalten und eine verfassungsrechtlich nicht mehr tragbare Machtpotenzierung beim Richter erkennen, ihre tieferen Ursachen ermitteln und Lösungen anbieten. Eine Renaissance des Gesetzgebungsstaates, ein Zurück zu den Idealen oder vielleicht besser: Illusionen des Gesetzespositivismus[58] zu erwarten, wäre gefährliche Utopie. Eine Gewaltenteilungslehre, bei der die Erzeugung und Fortbildung des Rechts durch die rechtsprechende Gewalt keinen Platz hat, wäre eine grobe Verzeichnung des verfassungsrecht-

---

[53] Hans *Huber*, Niedergang des Rechts (Fn. 42), S. 82.
[54] Siehe auch Hans *Huber*, aaO. (Fn. 42), S. 79 ff.
[55] *Dütz*, ZZP 87 (1974), S. 366 f., 372 ff.; *Böckenförde*, Verfassungsfragen (Fn. 8), S. 92 ff.
[56] Zur Funktion der Rechtsprechung als Hilfsgewalt vgl. *Jahrreiss*, Die Wesensverschiedenheit der Akte des Herrschens und das Problem der Gewaltenteilung, Festschrift für Nawiasky, 1956, S. 119 (129).
[57] Zu dieser Begrenzung siehe vor allem *Böckenförde*, Verfassungsfragen (Fn. 8), S. 94 f.; *Dütz*, ZZP 87 (1974), S. 372 f.
[58] Siehe auch *Werner*, Das Problem des Richterstaates (Fn. 3), S. 187.

lich vorgegebenen Funktions- und Kontrollmechanismus ebenso wie der Wirklichkeit des modernen Rechtsstaats[59]. *Radbruch*[60] hat gegenüber solchen Illusionen den bekannten Satz geprägt: „Die Gewaltenteilungslehre, das Rechtsverweigerungsverbot und die Unvollkommenheit der Gesetze vertragen sich nicht miteinander, eines dieser drei Stücke muß weichen."

2. Konflikte mit der richterlichen Normgebundenheit

Auf der anderen Seite ist die richterliche Normgebundenheit geltendes Verfassungsrecht. Die Richter sind nach Art. 97 I GG dem Gesetz unterworfen, nach Art. 20 III GG ist die rechtsprechende Gewalt an Gesetz und Recht gebunden. Die richterliche Gesetzesgebundenheit ist das notwendige und unverzichtbare Korrelat zur richterlichen Unabhängigkeit und zur richterlichen Kontrollkompetenz[61]. Eine dem Verfassungsprinzip der Gesetzesbindung genügende richterliche Rechtsbildung ist nicht als freie rechtspolitische Gestaltung, wie sie der Gesetzgebung eigentümlich ist, denkbar. Es kann allein um Fortentwicklung, Anpassung und Ausfüllung geltenden Rechts im Rahmen seines Systemzusammenhangs und nach den Maßstäben der in ihm zum Ausdruck gelangten politisch-ethischen Interessenbewertungen gehen[62].

Wenn es im Verhältnis der rechtsprechenden Gewalt zu den übrigen Staatsgewalten Krisenerscheinungen geben sollte, dann sind diese auf zwei Ebenen möglich: Entweder übt der Richter rechtsschöpferische Tätigkeit auch dort aus, wo der Normgeber selbst abschließende politische Wertungen und Entscheidungen getroffen hat, oder aber der Gesetzgeber unterläßt dort, wo es um an sich der gesetzlichen Regelung zugängliche Sachverhalte geht, die notwendige politische Gestaltung, Wertung und Entscheidung. Im zweiten Fall überträgt der Gesetzgeber dem Richter Kontroll*funktionen*, ohne ihm die Kontroll*maßstäbe* mitzuliefern. Auf der Grundlage eines Rechtsverweigerungsverbots

[59] Vgl. Hans *Huber*, Niedergang des Rechts (Fn. 42), S. 65/6.
[60] Rechtswissenschaft als Rechtsschöpfung, Archiv für Sozialwissenschaft und Sozialpolitik, Bd. 22, S. 359.
[61] *Bachof*, Der Richter als Gesetzgeber? (Fn. 10), S. 178; *Bettermann*, Vom Sinn und von den Grenzen der richterlichen Unabhängigkeit, in: Die Unabhängigkeit des Richters, Kappenberger Gespräche der Freiherr-vom-Stein-Gesellschaft, Bd. 1, S. 45 f.; *Dütz*, ZZP 87 (1974), S. 374.
[62] *Böckenförde*, Verfassungsfragen (Fn. 8), S. 94 f.

werden dem Richter eigene Wertungen, Maßstabsbildungen und politische Entscheidungen geradezu aufgedrängt[63].

3. Der Trend der „Verrechtlichung"

Sind solche Erscheinungen in der deutschen Verwaltungsrechtspflege in zunehmendem Maße anzutreffen? Auf den ersten Blick scheint sich doch folgender Widerspruch aufzutun: Wird nicht ständig über die Gesetzesflut geklagt? Wird dem Gesetzgeber heute nicht der Vorwurf gemacht, zu oft, zu viel und zu differenziert und perfektioniert zu regeln?[64] Hat nicht die Enquête-Kommission „Verfassungsreform" jahrelang viel Mühe darauf verwandt, Möglichkeiten zur Eindämmung der gesetzgeberischen Aktivitäten und zur Entlastung der Parlamente zu erarbeiten?[65] Kann unter diesen Umständen noch ernstlich von der Gefahr einer richterlichen Ersatzgesetzgebung die Rede sein?

Der Schein trügt! Richtig ist, daß der Trend zur Verrechtlichung aller öffentlichen und privaten Lebensbereiche unvermindert anhält. Der „Drang zum Recht" und zum „Rechthaben"[66] ist mächtiger denn je. Diese Feststellung gilt in besonderem Maße für das *öffentliche* Recht. Dort, wo früher exekutivisches Ermessen und administrative Gestaltungs- und Planungsfreiheit bestanden, geleitet allenfalls durch innerdienstliche Normen, tritt zunehmend die verwaltungsgesetzliche Regelung. Als Beispiele seien hier die früher sogenannten „besonderen Gewaltverhältnisse", etwa das Schulverhältnis, aber auch wichtige Bereiche der Leistungverwaltung, etwa die Studienförderung, erwähnt. Auch gesellschaftliche Abläufe, die ehemals dem „gesellschaftlichen Selbstlauf", der Privatautonomie oder allenfalls der *zivil*gesetzlichen Regelung überantwortet waren, werden ebenfalls in zunehmendem Maße durch den verwaltungsrechtlichen Rechtssatz erfaßt. Zu denken ist hier vor allem an den öffentlich-rechtlichen Umwelt- und insbesondere Immissionsschutz, bei dem nicht nur bisher ungeregelte Bereiche der verwaltungs-

---

[63] Siehe auch *Bachof*, Der Richter als Gesetzgeber? (Fn. 10), S. 179 f.
[64] Siehe statt vieler *Weiß*, Verrechtlichung als Selbstgefährdung des Rechts, DÖV 1978, S. 601 ff.; Traugott *Bender*, Rechtspolitik in der heutigen Zeit — Grundfragen und Tendenzen, DRiZ 1978, S. 33.
[65] Siehe dazu Beratungen und Empfehlungen zur Verfassungsreform, Schlußbericht der Enquête-Kommission Verfassungsreform des Deutschen Bundestages, Teil I, Parlament und Regierung, S. 189 ff.
[66] *Werner*, Das Problem des Richterstaates (Fn. 3), S. 192.

rechtlichen Normierung zugeführt, sondern auch früher rein privatrechtlich normierte Rechtsverhältnisse, etwa im nachbarrechtlichen Bereich, nunmehr zugleich dem Verwaltungsrecht unterstellt worden sind. In der mit dem Immissionsschutz befaßten richterlichen Praxis muß man immer wieder die Erfahrung machen, daß der anhängige Verwaltungsrechtsstreit pro forma zwar zwischen klagendem Bürger und beklagter Behörde geführt wird. Der Sache nach aber wird der Streit nicht selten zwischen Privaten geführt, etwa zwischen den Nachbarn als Kläger und dem beigeladenen Unternehmer als Genehmigungsempfänger oder umgekehrt zwischen dem auf Genehmigungserteilung klagenden Unternehmer und dem von den Immissionen betroffenen Nachbarn. Vergleichbare Erscheinungen zeigen sich etwa im Baurecht und im Wirtschaftsrecht.

Für diese „Verrechtlichung" der menschlichen Existenz und der gesellschaftlichen Abläufe[67] gibt es mehrere Ursachen. Einer der Gründe für die Ausdehnung der verwaltungsgesetzlichen Regelungsbereiche ist von der Rechtsprechung selbst ausgegangen: Verfassungs- und Verwaltungsgerichte sind dabei, den „Vorbehalt des Gesetzes" aus seiner gegenständlichen Begrenzung auf „Eingriffe in Freiheit und Eigentum" des Bürgers zu lösen[68]. Die Rechtsfigur des „besonderen Gewaltverhältnisses" als eines rechtssatzfreien Bereichs ist mit den Entscheidungen des BVerfG zum Strafgefangenen-[69] und Schulverhältnis[70] bereits über Bord geworfen worden. Mit der Formel der Judikatur, der parlamentsgesetzlichen Regelung seien alle diejenigen Bereiche vorbehalten, die „wesentlich für die Verwirklichung der Grundrechte" seien[71], werden dem Vorbehaltsprinzip immer weitere

[67] Siehe dazu auch *Werner*, Das Problem des Richterstaates (Fn. 3), S. 191 ff.

[68] Siehe die Nachw. bei *Ossenbühl*, in: Erichsen/Martens, Allgemeines Verwaltungsrecht, 3. Aufl. 1978, S. 57 ff.

[69] BVerfGE 33, S. 1 (9—11).

[70] BVerfGE 34, S. 165 (192 f.); 41, S. 251 (259 f.); 45, S. 400 (417 f.); 47, S. 46 (78 f.); vgl. auch BVerwGE 47, S. 194 ff.; 47, S. 201 ff.; BayVerfGH, DVBl. 1975, S. 425; VGH Kassel, NJW 1976, S. 1856; Hess. StGH, DÖV 1971, S. 201; *Ossenbühl*, Zur Erziehungskompetenz des Staates, in: Festschrift für F. W. Bosch, 1976, S. 751 ff.; *ders.*, Verfassungsrechtliche Probleme der Kooperativen Schule, 1977, S. 21 ff.; *Oppermann*, Gutachten C zum 51. Deutschen Juristentag, 1976, S. 52 ff.

[71] BVerfGE 47, S. 46 (79); siehe ferner BVerfGE 34, S. 165 (192); zu dieser Formel vgl. auch *Kisker*, Verh. des 51. Deutschen Juristentages, Bd. II, Sitzungsberichte M 82.

Gebiete eröffnet[72]. Erinnert sei nur an die Entscheidungen des BVerfG zur Hochschulzulassung[73], zur Regelung des Facharztwesens[74] sowie an die verwaltungsgerichtlichen Urteile zur Pressesubventionierung[75].

Ein weiterer Grund für jene Steigerung des „Rechtskonsums" (*Werner*)[76] folgt nicht aus der Dogmatik des Verfassungsrechts, sondern aus einem heute vorherrschenden Rechtsgefühl der Menschen: Es besteht die Neigung, alle persönlichen und gesellschaftlichen Konflikte als Rechtskonflikte, persönliches Schicksal als „einklagbaren Rechtsverlust"[77] zu erachten. Hinzu kommt die allgemeine Sehnsucht nach Gleichheit, nach Sicherheit, Voraussehbarkeit und Kalkulierbarkeit künftiger Entwicklungen. Gesetzgebung wird so zusehends zu einem Mittel permanenten Wahlkampfes; jede Partei will die andere im Gesetzgebungs*Aktionismus* übertreffen[78].

4. Das Versagen des Gesetzgebers

Es ist nun an sich nicht jener ständig fortschreitende Prozeß der Verrechtlichung und speziell des Vordringens des Verwaltungsrechtssatzes in alle Lebensbereiche, der die Stellung der Justiz und in Sonderheit der Verwaltungsgerichtsbarkeit im System der heutigen Gewaltenteilung entscheidend zu verändern droht. Zwar ist mit dieser legislatorischen Entwicklung untrennbar eine entsprechende Zunahme der Juridifizierung der öffentlichen Verwaltung und der Justiziabilität von Konflikten verbunden. Aber mit solchen quantitativen Überlegungen sind ernstzunehmende Machtverschiebungen zugunsten der Justiz noch

---

[72] Vgl. BVerfGE 47, S. 78/79: „Als entscheidender Fortschritt dieser Rechtsauffassung ist es anzusehen, daß der Vorbehalt des Gesetzes von seiner Bindung an überholte Formeln (Eingriff in Freiheit und Eigentum) gelöst und von seiner demokratisch-rechtsstaatlichen Funktion her auf ein neues Fundament gestellt wird, auf dem aufbauend Umfang und Reichweite dieses Rechtsinstituts neu bestimmt werden können". Siehe ferner BVerfGE 40, S. 248 f.
[73] BVerfGE 33, S. 303 (336 f., 345 f.).
[74] BVerfGE 33, S. 125 (158 ff.).
[75] VG Berlin, NJW 1974, S. 330; VG Berlin, DVBl. 1975, S. 268 (269); OVG Berlin, NJW 1975, S. 1938 (1940).
[76] Das Problem des Richterstaates (Fn. 3), S. 191.
[77] *Werner*, Wandel des Rechtsgefühls, Radius 1957, Heft 4, S. 35 ff.; *ders.*, Das Problem des Richterstaates (Fn. 3), S. 192 f.
[78] Vgl. auch *Kissel*, Gibt es zu viele Gesetze? in: FAZ Nr. 211 vom 26. 9. 1978, S. 6.

nicht begründbar. Zur Gesetzesflut tritt jedoch eine immer offen-
kundiger werdende, vermeidbare oder unvermeidbare „Überanstrengung" des Rechts (Hans *Huber*)[79]. Zur quantitativen
Zunahme der Verwaltungsgerichtsprozesse treten infolge jener
„Überanstrengung" und jenes Versagens des Gesetzes in ihrem
Ausmaß und in ihrer Häufigkeit bisher unbekannte Gestaltungs-
und Wertungsspielräume der Judikative[80].

a) Mängel des Verfahrens und der Gesetzgebungstechnik

Das Versagen des Gesetzgebers ist einmal technischer Natur[81].
Stoffülle, Komplexität der zu regelnden Sachmaterien, Zeit-
druck im Gesetzgebungsverfahren, Einwirkung der Verbände,
Kompromisse „in letzter Minute" nach Einschaltung von Ver-
mittlungsausschuß, „Kanzlerrunden", Ministergesprächen, klei-
nen oder großen „Koalitionsgipfeln" führen nicht selten zu
unklaren, unvollständigen, unverständlichen, widersprüchlichen,
dem eigenen Gesetzeszweck entgegenstehenden, unbilligen oder
sogar erkennbar unbeabsichtigten Normierungen. In der Flut
von Gesetzen, Ausnahme- und Änderungs- bzw. Artikelgesetzen
treten nicht selten schon Zweifel über das jeweils geltende Gesetz
auf. Trotz aller Emsigkeit und Geschäftigkeit erzeugt eine
solchermaßen „kurzatmige", mit traditions- und systemlosen
Zweckschöpfungen arbeitende Gesetzgebung[82] nicht Rechtsklar-
heit, Rechtsfrieden und Rechtssicherheit, sondern Unklarheit,
Streit und Unsicherheit. Sie erzeugt keine Autorität und „Akzep-
tanz" beim Rechtsunterworfenen, befriedigt nicht sein Gerech-
tigkeitsgefühl[83].

All dies muß dann der Richter leisten oder nachholen. Er hat
das gesetzgeberische Versagen durch voluntativ-dezisionäre Akte

---

[79] AaO. (Fn. 42), S. 79 ff.

[80] Vgl. auch *Bender*, NJW 1978, S. 1950: „Es geht dann nämlich in
Wahrheit darum, daß dem Gesetzgeber trotz seiner notorischen Überaktivität
auf vielen Gebieten bei bestimmten Grundsatzfragen ein Regelungsdefizit
vorzuhalten ist"; *Breuer*, NJW 1978, S. 1560.

[81] Siehe dazu auch *Werner*, Das Problem des Richterstaates (Fn. 3),
S. 189 f.

[82] Vgl. Hans *Huber*, Niedergang des Rechts (Fn. 42), S. 79 ff.

[83] Vgl. *Werner*, Das Problem des Richterstaates (Fn 3), S. 188: „Es gibt
keine Gesellschaftsordnung, die bereit ist, auf die Dauer auf die Gerechtigkeit zu verzichten und nur nach dem vom Gerechtigkeitsideal gelösten Gesetz
zu leben". Zum „Versagen" des Gesetzgebers siehe auch *Werner*, Zur Kritik
an der Verwaltungsgerichtsbarkeit, in: Recht und Gericht in unserer Zeit
(Fn. 3), S. 304 ff. (317).

zu kompensieren. Die überlieferten und bewährten Methoden der subsumtiven Rechtserkenntnis helfen ihm überdies bei Gesetzen, die mehrheitlich mit traditions- und systemlosen Zweckschöpfungen arbeiten, wenig[84]. Es kann daher auch nicht verwundern, daß der mit einem solchen Gesetz allein gelassene Bürger in verstärktem Maße seine ganzen Hoffnungen und Erwartungen nach Gerechtigkeit oder jedenfalls nach dem, was er dafür hält, auf den Richter setzt. *Er* und nicht der Gesetzgeber wird in der Bevölkerung immer stärker als Hort der Gerechtigkeit und als Garant einer guten Ordnung des Gemeinwesens angesehen[85].

Hinzu tritt eine verwaltungswissenschaftlich eindeutig verifizierte Entwicklung, die mit beachtlichen Strukturveränderungen im öffentlichen Dienst zusammenhängt: Neben den verschiedenen Durchführungsebenen hat sich in der EG, im Bund, in den Ländern und kommunalen Körperschaften eine „ebenenüberspringende" „Koordinierungsbürokratie" gebildet, die in „vertikaler Fachbruderschaft" (Frido *Wagener*)[86] immer neue und immer kompliziertere öffentliche Aufgaben „erfindet". Mit Hilfe von Gesetzen, Erlassen und Planungen werden in ungebrochener Geschäftigkeit „Aufgaben-Kampagnen" ins Werk gesetzt. Dabei tendiert jene Planungs- und Koordinierungsbürokratie einerseits dahin, den Standard der öffentlichen Aufgaben und der Realisierungsmechanismen immer höher festzulegen. Andererseits werden die Gesichtspunkte der Administrierbarkeit und Justiziabilität permanent vernachlässigt. Als Folge sind Vollzugsdefizite und Vollzugsmängel im Bereich der Durchführungsbürokratie in bisher unbekanntem Ausmaß festzustellen.

b) Heterogenität der Wertvorstellungen

Es sind aber nicht nur diese „technischen" Mängel, die eine „Überanstrengung" des Gesetzes ausdrücken. Der heutige Ge-

---

[84] Die Kritik *Forsthoffs*, Der Jurist in der industriellen Gesellschaft, NJW 1960, S. 1273, 1277, wegen der Preisgabe der „in Jahrtausenden herangebildeten ‚Modi' der gesetzesanwendenden Rechtsfindung" *durch* den *Richter* muß daher als sehr einseitig bezeichnet werden. Vgl. auch *Werner*, Bemerkungen zur Funktion der Gerichte (Fn. 30), S. 170 f.

[85] Siehe auch *Werner*, Bemerkungen zur Funktion der Gerichte (Fn. 30), S. 171; *ders.*, Das Problem des Richterstaates (Fn. 3), S. 194.

[86] Der öffentliche Dienst im Staat der Gegenwart, Bericht auf der Staatsrechtslehrertagung Bonn 1978, Leitsätze I 2, II 6, 7, III 5, 6, 8; abgedruckt in DÖV 1978, S. 802 ff.

setzgeber kann nicht mehr an allgemein anerkannte Wertvorstellungen der Gesellschaft anknüpfen und auf sie verweisen.
Denn solche gemeinsamen Grundüberzeugungen der Gesellschaft
in Fragen der Sitte, Konvention, Moral und Religion sowie ein
eigengesellschaftliches Sanktionensystem existieren weitestgehend
nicht mehr[87]. Der Gesetzgeber unserer Zeit kann sich — um mit
Hans *Huber* zu sprechen[88] — nicht auf die Schaffung bloßer
„Teilordnungen" beschränken und im übrigen durch Generalklauseln und unbestimmte Rechtsbegriffe auf andere, nicht-nor-
mative Wertordnungen verweisen. Das moderne Recht tendiert
zur „Totalität" der Ordnungen.

Dennoch verwendet der Gesetzgeber auch heute noch Generalklauseln und unbestimmte Rechtsbegriffe mit sozial-ethischen Be-
zügen. Er beachtet dabei nicht oder nimmt es in Kauf, daß auf
diese Weise die rechtsprechende Gewalt nicht nur veranlaßt
wird, existente und allgemein anerkannte Wertvorstellungen zu
erkennen und zu konkretisieren, sondern daß der Richter damit
gezwungen wird, mangels solcher objektiven Wertvorstellungen
seine subjektiven Wertungen dem Rechtsfindungsprozeß zugrunde zu legen[89]. Vor einer gesteigerten Verwendung von
Generalklauseln — für viele in nostalgischer Grundstimmung
das Patentrezept gegen die Gesetzesflut[90]—ist daher nachdrück-
lich zu warnen. Heterogenität und Ungewißheit im Hinblick
auf die Wertvorstellungen lassen gesetzliche Generalklauseln und
unbestimmte Rechtsbegriffe vielfach zu einem weiten Ausgangs-
feld richterlicher Wertungen und Dezisionen werden, wo politi-
tische Entscheidungen des Gesetzgebers möglich und nötig wären.

Ein aktuelles Beispiel sei der Schulgesetzgebung entnommen.
Wie erwähnt[91], gilt nach der Rechtsprechung des BVerfG der
Vorbehalt des Gesetzes für alle wesentlichen Fragen des Schul-
verhältnisses. Dieser Normierungspflicht meinte der Landesge-

---

[87] Siehe auch *Dütz*, ZZP 87 (1974), S. 375, 381; *Werner*, Das Problem des
Richterstaates (Fn. 3), S. 189, Fn. 19.
[88] Niedergang des Rechts (Fn. 42), S. 79, 84 ff.
[89] Auf diese Zusammenhänge von materiell-rechtlichen Generalklauseln
und richterlichen Aktivitäten weist auch *Werner* hin: Zur Kritik an der Verwaltungsgerichtsbarkeit (Fn. 30), S. 317/18; Das Problem des Richterstaates
(Fn. 3), S. 189, Fn. 19.
[90] Siehe etwa *Weiß*, DÖV 1978, S. 601 (604): „Rückbesinnung auf die nur
teilordnende Funktion des Rechts".
[91] Siehe oben zu Fn. 70.

setzgeber von Nordrhein-Westfalen[92] durch folgende Regelung zu entsprechen:

> „Die Rechtsbeziehungen im Schulverhältnis, insbesondere die Rechte und Pflichten des Schülers, regelt für öffentliche Schulen eine Allgemeine Schulordnung, die vom Kultusminister durch Rechtsverordnung ... erlassen wird ... Inhalt und Umfang der Allgemeinen Schulordnung bestimmen sich nach dem in der Landesverfassung und den Schulgesetzen festgelegten Bildungs- und Erziehungsauftrag der Schule und deren Pflicht, die Entwicklung des einzelnen Schülers ebenso wie die Entwicklung aller Schüler zu fördern."

Eine ähnliche Maßstabslosigkeit findet sich im hessischen Schulverwaltungsgesetz[93]: Nach etwas detaillierteren Regelungen in formell-technischer Hinsicht wird zur sachlichen Ausgestaltung der Schulordnung im § 44 Abs. 4 wie folgt Stellung bezogen:

> „In den Schulordnungen sind der Bildungsauftrag der Schulen, die Pflicht zur Förderung des einzelnen Schülers, aber auch die Wahrung der Rechte aller Schüler zu berücksichtigen."

Durch „formale Verrechtlichung" des Schulverhältnisses ist einerseits die Kontrollkompetenz des Richters begründet. Auf der anderen Seite fehlen präzise Wertentscheidungen des Gesetzgebers, so daß notgedrungen der Richter mit seinen eigenen sozialethischen Vorstellungen über Schule, Erziehung, Schüler- und Elternrechte die Maßstabslosigkeit des Gesetzes überwinden muß[94].

c) „Technische Regel" oder politische Wertung?

Ein Versagen des modernen Gesetzgebers zeigt sich ferner in dem ständig zunehmenden Bereich der umweltschutzrechtlichen Normierungen. Gewerbliche Anlagen beispielsweise, die nach

[92] Siehe § 26 Abs. 1 und 2 des Schulverwaltungsgesetzes i. d. F. der Bekanntmachung vom 16. August 1978, GVBl. NW S. 516.
[93] I. d. F. vom 4. April 1978, GVBl. I, S. 232. Die Gesetze der anderen Bundesländer unterscheiden sich in der Sache davon nicht; vgl. etwa noch § 3 des Brem. SchulVwG vom 24. Juli 1978, GBl. S. 167.
[94] Zur Kritik siehe auch *Ossenbühl*, Schule im Rechtsstaat, DÖV 1977, S. 801 (804); *ders.*, in: Erichsen/Martens, Allg. VerwR (Fn. 68), S. 61 f.

dem Bundesimmissionsschutzrecht der Genehmigungspflicht unterliegen, dürfen nach dem Gesetz nur genehmigt werden, wenn schädliche Umwelteinwirkungen und sonstige Gefahren, erhebliche Nachteile und Belästigungen für die Allgemeinheit und die Nachbarschaft nicht hervorgerufen werden können[95]. Die Entscheidung dieser Frage hängt sehr häufig davon ab, ob die zu erwartenden Immissionen bestimmte Immissionsgrenzwerte, etwa bei der Luftverschmutzung oder bei der Lärmentwicklung, überschreiten. Wo diese Grenzwerte liegen sollen, welche Immissionsbelastungen etwa in reinen Wohngebieten oder in Mischgebieten als schädlich oder erheblich im Sinne des Gesetzes gelten sollen, sagen weder das Gesetz noch die Ausführungsverordnungen. Es sind Verwaltungsvorschriften, wie beispielsweise die TA-Luft[96] und die TA-Lärm[97], oder gar Regelwerke privatrechtlicher Vereinigungen sachverständiger Personen, wie beispielsweise die DIN-Vorschriften des Deutschen Normenausschusses und die VDI-Richtlinien des Verbandes Deutscher Ingenieure[98], die solche Immissionswerte aufstellen. Rechtsnormative Bindungswirkung entfalten sie alle nicht[99].

Der Richter ist also zunächst einmal mit den unbestimmten Rechtsbegriffen wie „schädliche Umwelteinwirkung", „erhebliche Nachteile und Belästigungen" und „Stand der Technik" (s. § 5 Nr. 2 BImSchG) des Gesetzes allein gelassen. Jene „technischen Regelwerke" werden zwar nach der verwaltungsgerichtlichen, jüngst vom BVerwG im Steag-Urteil[100] bestätigten, Judikatur wegen ihres wissenschaftlich fundierten fachlichen Aussage-

---

[95] Siehe §§ 6 Nr. 1, 4 Abs. 1, 5 BImSchG.

[96] Erste Allgemeine Verwaltungsvorschrift zum Bundes-Immissionsschutzgesetz (Technische Anleitung zur Reinhaltung der Luft — TA-Luft —) vom 28. 8. 1974 (GMBl. S. 426). Diese Verwaltungsverordnung ist auf der Grundlage des § 48 BImSchG erlassen worden.

[97] Allgemeine Verwaltungsvorschrift über genehmigungsbedürftige Anlagen nach § 16 der Gewerbeordnung — GewO — Technische Anleitung zum Schutz gegen Lärm (TA-Lärm) vom 16. Juli 1968 (Beilage zum BAnz. Nr. 137 v. 26. 7. 1968). Diese Verwaltungsvorschrift ist weiterhin, also auch in den Genehmigungsverfahren nach dem BImSchG, anzuwenden: § 66 Abs. 2 BImSchG.

[98] Siehe etwa VDI-Richtlinie 2058, Beurteilung von Arbeitslärm in der Nachbarschaft, Juni 1973.

[99] Zur Gesamtproblematik siehe etwa *Breuer*, Die rechtliche Bedeutung der Verwaltungsvorschriften nach § 48 BImSchG im Genehmigungsverfahren, DVBl. 1978, S. 28 ff.

[100] Urteil vom 17. 2. 1978, NJW 1978, S. 1450 = DVBl. 1978, S. 591 mit Anm. von *Breuer*.

gehaltes als „antizipierte Sachverständigengutachten" angesehen[101]. Sie bringen also im allgemeinen das zum Ausdruck, was
nach anerkannter Auffassung im Kreise der Sachverständigen
zur Vermeidung schädlicher Umwelteinwirkungen zu beachten
ist. Das kann aber für den Richter nicht zu einer der rechtsnor-
mativen Bindung entsprechenden Stringenz führen. Dem Richter
bleibt die Prüfung, ob atypische Sachverhaltsgegebenheiten,
Lücken im technischen Normenwerk oder *neuere* gesicherte Erkenntnisse der Wissenschaft und Technik eine andere Grenz-
wertbestimmung erfordern[102].

Es konnte daher auch nicht überraschen und war in dem ganzen Regelungssystem angelegt, daß das OVG Münster[103] in
seinem inzwischen vom BVerwG revidierten Steag-Urteil den
norminterpretierenden Verwaltungsvorschriften der TA-Luft
wegen der spezifischen Gegebenheiten des zu entscheidenden
Falles — erhebliche Immissionsvorbelastung des Gebiets —
nicht folgte und unter Berufung auf die richterliche Gesetzesbindung und alleinige Gesetzesverantwortlichkeit von einer
eigenen Immissionswertgrenze ausging[104]. Man mag über die
Ergebnisse dieses Urteils und die in ihm vertretene „Bandbreiten-
theorie" streiten können, in methodischer und kompetentieller
Hinsicht ist es schwerlich angreifbar. Von einer richterlichen
Amtsanmaßung und Usurpation politischer Entscheidungsfunktionen kann keine Rede sein. Vorwürfe sind an den Gesetzgeber zu richten, der die kompetentiellen Auswirkungen seines
Regelungssystems in keiner Weise in Rechnung stellte[105]. Er
mußte wissen, daß die Verwendung höchst unbestimmter Rechtsbegriffe wie „schädliche Umwelteinwirkungen", „erhebliche
Nachteile und Belästigungen" und „Vorsorge nach dem Stand
der Technik" nach der derzeitigen Lage der Verwaltungsrechts-

---

[101] Siehe auch *Feldhaus*, Bundesimmissionsschutzrecht, 2. Auflage 1974,
§ 5 Anm. 5; *Breuer*, AöR 101 (1976), S. 79 ff.; *ders.*, DVBl. 1978, S. 34 ff.
m. w. Nachw.; *Ossenbühl*, Zur Außenwirkung von Verwaltungsvorschriften,
in: Verwaltungsrecht zwischen Freiheit, Teilhabe und Bindung — 25 Jahre
Bundesverwaltungsgericht, 1978, S. 433 (447).
[102] Siehe auch *Breuer*, DVBl. 1978, S. 36; BVerwG, NJW 1978, S. 1452;
Ossenbühl, aaO. (Fn. 101), S. 447.
[103] Urteil vom 7. 7. 1976, DVBl. 1976, S. 790 ff.
[104] DVBl. 1976, S. 795.
[105] Siehe auch *Bender*, NJW 1978, S. 1948; *Breuer*, DVBl. 1978, S. 37 sowie DVBl. 1978, S. 601.

28

dogmatik die volle richterliche Kontrollkompetenz nach sich zieht[106] und daß der Weg über die norminterpretierenden Verwaltungsvorschriften oder gar privaten Regelwerke zwar die Verwaltungspraxis zu erleichtern, nicht aber eine der Rechtssatzwirkung entsprechende Bindung des Richters zu bewirken vermag.

Dabei fällt entscheidend ins Gewicht, daß die hier zur Diskussion stehenden Regelwerke nicht bloße Transformationen faktischer Gesetzlichkeit, nicht bloße Kodifikationen von naturwissenschaftlich-technischen Gesetzen und Erkenntnissen darstellen. Sie sind auch Volitivakte, die die natürlichen Gesetzlichkeiten mit den ökonomischen Daten und politisch-gesellschaftlichen Erfordernissen und Wünschen in Einklang zu bringen suchen. Es ist eben nicht nur eine naturwissenschaftlich-technische Frage, welche Immissionsbelastungen in welchem Gebietscharakter hinzunehmen sind. Hier geht es auch um politische Willensentscheidungen, Wertungen und Abwägungen mit erheblichen sozialen und ökonomischen Auswirkungen. Da diese politischen Wertungen derzeit[107] überwiegend weder vom Gesetzgeber noch von dem nach Maßgabe des Art. 80 I GG zu ermächtigenden Rechtsverordnungsgeber[108] getroffen werden, fallen sie dem Verwaltungsrichter zu. Verwaltungsvorschriften und private Regelwerke können dieses kompetentielle Versagen des Normsetzers nicht ausgleichen. Dieses Versagen zeigt sich auch in dem politisch noch brisanteren Bereich des Verkehrslärms. Zwar räumen die §§ 41, 42 BImSchG sowie § 17 IV FStrG den Anliegern von Verkehrswegen Schutz- und Entschädigungsansprüche ein, wenn der Verkehrslärm die Grenze der schädlichen bzw. erheblichen

---

[106] Vgl. auch *Ossenbühl*, Die gerichtliche Überprüfung (Fn. 10), S. 47 ff.
[107] Bestrebungen einer gesetzlichen Regelung sind vorhanden, vgl. den am 6. September 1978 beschlossenen Regierungsentwurf eines Gesetzes zur Änderung des Bundes-Immissionsschutzgesetzes (FAZ Nr. 195 v. 7. September 1978, S. 11). Dieser Entwurf sieht im Grundsatz eine normative *Verweisung* auf die TA-Luft vor, § 6a Abs. 1: „Werden die Immissionswerte nach Nr. . . . der Technischen Anleitung zur Reinhaltung der Luft vom . . . (GMBl. . . .) nicht überschritten, ist sichergestellt, daß insoweit keine schädlichen Umwelteinwirkungen hervorgerufen werden . . ." Zwar bestehen gegen solche *statischen* normativen Verweisungen keine verfassungsrechtlichen Einwände, die Zweckmäßigkeit muß jedoch bestritten werden; s. auch *Breuer*, DVBl. 1978, S. 600. Für eine Übergangszeit sah schon das bisherige Recht eine diesbezügliche Verweisung vor: § 67 Abs. 5 BImSchG.
[108] Dafür *Breuer*, DVBl. 1978, S. 37 u. DVBl. 1978, S. 601.

Umwelteinwirkungen überschreiten wird[109]. Aber wo diese
Grenzen des noch Hinnehmbaren liegen sollen, sagen weder
Gesetz noch Rechtsverordnungen. Die im § 43 BImSchG vor-
gesehene Rechtsverordnung steht bekanntlich noch immer aus.
Nicht einmal die oben genannten Verwaltungsvorschriften und
privaten Regelwerke sind hier thematisch einschlägig, so daß die
Bestimmung der Grenzwerte, auch hier eine eminent politische
Wertentscheidung, derzeit allein dem Richter zufallen muß[110].

d) „Überanstrengung" des Planungsgesetzes

„Überanstregung" des Gesetzgebers und Inhalts- oder Ent-
scheidungslosigkeit des Rechtssatzes zeigen sich schließlich auf
dem Sektor des Planungsrechts. Zwar schickt sich der moderne
Gesetzgeber in zunehmendem Maße an, Planungsprozesse inhaltlich normativ zu steuern. Als Beispiele können die Vorschrift
des § 1 BBauG, die sich mit der kommunalen Bauleitplanung
befaßt, und die die überörtliche Raumplanung betreffende Vorschrift des § 2 BROG[111] erwähnt werden. Beide Normen stellen
eine große Zahl sog. „Planungsziele" auf. So sind nach § 1 VI
BBauG bei der Aufstellung von Bauleitplänen u. a. die allgemeinen Anforderungen an gesunde Wohn- und Arbeitsverhältnisse
und an die Sicherheit der Wohn- und Arbeitsbevölkerung, die
Wohnbedürfnisse, die sozialen und kulturellen Bedürfnisse der
Bevölkerung, die Belange des Bildungswesens, die Belange des
Umweltschutzes, des Naturschutzes und der Landschaftspflege,
die Belange von Sport, Freizeit und Erholung, die Belange der
Wirtschaft, der Energie- und Wasserversorgung, die Belange des
Verkehrs, der Verteidigung etc. zu berücksichtigen.
Der Gesetzgeber war also auch hier um eine fast perfektio-
nistische inhaltliche Bestimmung der Planungsziele bemüht, hat

---

[109] Siehe dazu *Papier*, Recht der öffentlichen Sachen, 1977, S. 146 ff.
[110] Vgl. etwa BVerwG, Urteil v. 21. Mai 1976, E 51, S. 15 (34): Für
ein sonst nicht vorbelastetes Wohngebiet liege die Grenze des noch zumutbaren Straßenverkehrslärms außerhalb der Wohngebäude bei einem äquivalen-
ten Dauerschallpegel von ca. 55 dB (A) am Tage und bei ca. 45 dB (A) in
der Nacht. Auch beim Verkehrslärm gibt es Bestrebungen, die notwendigen
Sachentscheidungen durch den *Gesetzgeber* zu treffen; vgl. den RegEntw.
eines Verkehrslärmschutzgesetzes (BT-Drucks. 8/1671), der jedoch weitaus
großzügiger verfährt als das BVerwG in dem angeführten Urteil. Danach
sollen die Grenzwerte bei den erst neu herzustellenden Verkehrswegen um
10 dB (A) höher liegen; siehe auch *Bender*, NJW 1978, S. 1948.
[111] Raumordnungsgesetz v. 8. April 1965 (BGBl. I, S. 306).

aber wiederum Struktur und Wirkungsweisen seiner Normierungen, insbesondere auf die richterliche Kontrollfunktion, verkannt oder ignoriert. Er hat — um die bekannte erkenntnistheoretische Unterscheidung aufzugreifen[112] — keine konditional programmierten, den subsumtiven Schluß auf das zulässige Handlungsmittel ermöglichenden Rechtssätze, sondern Normen mit Zielsetzungen und exekutivischen Gestaltungsaufträgen verwendet. Dabei hat er eine wichtige Erkenntnis in bezug auf solche Ziel- oder Zwecknormierungen ignoriert: Je eindrucksvoller der gesetzliche Katalog an Planungszielen ist, „je umfassender und mühevoller er formuliert wurde", „um so mehr bleibt die Aussage des Gesetzgebers für den konkreten Plan offen, mag sie auch fürs erste die Illusion eines eindeutig bestimmten Planungsaktes erwecken" (Oberndorfer)[113].

Der wesentliche Mangel liegt darin, daß der Gesetzgeber in seine Planungsnormen zunehmend eine Vielzahl von sich teils überschneidenden, teils widersprechenden Zielsetzungen aufnimmt, ohne diese zu koordinieren und ohne ein (abstraktes) Stufen- und Prioritätssystem niederzulegen[114]. Auch konditionale Festlegungen des Planungsträgers durch den Gesetzgeber, etwa durch ausdrückliche Eingriffschranken, fehlen[115]. Die Folge ist, daß wegen der unvermeidlichen Ziel- und Mittelkonflikte eine wirkliche gesetzgeberische, vom Richter mit den anerkannten methodischen Hilfsmitteln konkretisierbare Sachentscheidung über Zweck und Ziel der Planung, aber auch über ihre Schranken in bezug auf Rechte und Interessen Betroffener, gar nicht getroffen ist. Dieses voluntativ-dezisionäre Versagen holt derzeit der Verwaltungsrichter nach. Auch er ist weitgehend der Illusion der eindeutigen normativen Festlegung der Planungsziele erlegen. Dies beweist die großzügige Inanspruchnahme voller richterlicher Kontrollkompetenzen bezüglich Auslegung und An-

---

[112] Vgl. *Oberndorfer*, Strukturprobleme des Raumordnungsrechts, in: Die Verwaltung 5 (1972), S. 257 (261 ff.); *König*, Programmsteuerung in komplexen politischen Systemen, in: Die Verwaltung 7 (1974), S. 137 (141 ff.).
[113] AaO. (Fn. 112), S. 266 f.
[114] Siehe *Schmidt-Aßmann*, in: Ernst-Zinkhahn-Bielenberg, Bundesbaugesetz, 1977, § 1 Rdnr. 180.
[115] Vgl. auch *Papier*, Rechtliche Bindung und gerichtliche Kontrolle planender Verwaltung im Bereich des Bodenrechts, NJW 1977, S. 1714 (1717 f.).

wendung jener diversen Planungsziele unter Verweigerung eines exekutivischen Beurteilungsspielraums[116].

e) Gemeinsame Bewertung

Die hier beispielhaft erwähnten Fälle einer Substitution legislativ-politischer Entscheidungsfunktionen durch die rechtsprechende Gewalt haben eines gemeinsam: Sie sind nicht etwa Ausdruck einer richterlichen Amtsanmaßung, einer Usurpation politischer Entscheidungsfunktionen und eines Hinwegsetzens über normative Wertungen und Entscheidungen. Sie sind das voraussehbare Ergebnis eines prinzipiell vermeidbaren Versagens der gesetz- und verordnungsgebenden Gewalten[117]. Diese Feststellung möchte ich ausdrücklich auf das Wyhl-Urteil des VG Freiburg[117a] erstrecken, in dem ein zusätzlicher Berstschutz für den nuklearen Druckwasserreaktor gefordert wurde[117b]. Auch hier geht man am Kern der Dinge vorbei, wenn man dem Verwaltungsgericht den Vorwurf macht, als „Zivilisations-Zensor"[117c] die politische Entscheidung des Gesetzgebers für die Hinnahme eines atomaren Restrisikos ignoriert zu haben. Denn es wird verschwiegen, daß der Gesetzgeber in keiner Weise das Ausmaß jenes Restrisikos angegeben und mit seinem Tatbestandsmerkmal der Schadensvorsorge keinerlei Maßstäbe für die Eintrittswahrscheinlichkeit eines Schadensereignisses festgelegt hat. Man darf sich dann nicht wundern, wenn die zur Entscheidung angerufenen Verwaltungsgerichte die Anforderungen an jene Eintrittswahrscheinlichkeit in einer den staatsleitenden Instanzen ganz unangemessen erscheinenden und nicht eingeplanten Weise herunterdrücken.

---

[116] BVerwGE 34, S. 301 (308); 45, 309 (322 ff.); vgl. auch BVerwGE 48, S. 56 ff. Zur Kritik siehe statt vieler: *Hoppe*, Gerichtliche Kontrolldichte bei komplexen Verwaltungsentscheidungen, in: Verwaltungsrecht zwischen Freiheit, Teilhabe und Bindung — 25 Jahre Bundesverwaltungsgericht, 1978, S. 295 (303 ff.).

[117] Vgl. auch *Bender*, NJW 1978, S. 1950; *Bachof*, Der Richter als Gesetzgeber? (Fn. 10), S. 179 f., sowie schon *Werner*, Zur Kritik an der Verwaltungsgerichtsbarkeit (Fn. 30), S. 317; *ders.*, Bemerkungen zur Funktion der Gerichte (Fn. 30), S. 169, 173.

[117a] NJW 1977, S. 1645 = DVBl. 1977, S. 363.

[117b] A. A. das VG Würzburg, NJW 1977, S. 1649; kritisch auch *Breuer*, Gefahrenabwehr und Risikovorsorge im Atomrecht, DVBl. 1978, 829 ff., m. w. Nachw.

[117c] *Schoeck*, Richter als Zivilisations-Zensoren, ET 1977, S. 253.

Daß der Vorwurf der Amtsanmaßung vorwiegend gerade von denen kommt, die in diesen Bereichen der Gesetz- und Verordnungsgebung Verantwortung tragen[118], stimmt den objektiven Betrachter ärgerlich. Ganz unverständlich wird der Amtsanmaßungsvorwurf, soweit er sich auf die Urteile der Verwaltungsgerichte beispielsweise zu Kraftwerksgenehmigungen bezieht *und* zum Inhalt hat, die Gerichte hätten die wirtschafts-, energie- und arbeitsmarktpolitischen Erfordernisse sowie diesbezügliche Regierungsprognosen in ihre Erwägungen nicht einbezogen. Hier drängt sich die Frage auf, ob es auf Ignoranz oder auf Böswilligkeit beruht, wenn man nicht in Rechnung stellt, daß derzeit weder nach dem BImSchG[119] noch nach dem Atomgesetz jene Gesichtspunkte für die Frage der Zulässigkeit einer Genehmigungserteilung eine Rolle spielen dürfen. Viele Kritiker jener Urteile müssen sich fragen lassen, ob sie ihre eigenen Gesetze nicht übersehen oder nicht mehr zu ihnen stehen wollen. Will man allen Ernstes dem Richter vorwerfen, das Recht nicht gebeugt zu haben?

5. Ursachen der fehlenden Entscheidungskraft

Fragt man nach den Ursachen für jene Abstinenz des Gesetzgebers bei der Wahrnehmung der politischen Entscheidungsfunktionen, so stößt man nicht nur auf technisch-intellektuelles Versagen, auf die Unfähigkeit oder die mangelnde Bereitschaft, die kompetentiellen Folgewirkungen einer bestimmten Sachregelung ins Auge zu fassen. Der Grund für die Zunahme dilatorischer Leerformeln und einer „Untergewichtung" heutiger Gesetze in voluntativ-dezisionärer Hinsicht gerade im Zentrum der politischen, ökonomischen und gesellschaftlichen Existenz dürfte auch darin liegen, daß die jeweiligen Parlamentsmehrheiten mit „ihrer" Exekutive in immer stärkerem Maße verflochten sind. Die Parlamente haben dadurch — wie der Präsident des Landtages von Rheinland-Pfalz kürzlich formulierte[120] — „die Frei-

---

[118] Vgl. insbes. den Beitrag von MdB *Dübber*, sten. Niederschrift, aaO. (Fn. 11), S. 3 sowie die durchaus differenzierteren Beiträge von MdB *Pinger*, aaO., S. 24 ff., 53 f.

[119] Siehe OVG Münster, DVBl. 1976, S. 790 (798); ferner *Hanning/Schmieder*, Gefahrenabwehr und Risikovorsorge im Atom- und Immissionsschutzrecht, Der Betrieb, Beilage Nr. 14/77, S. 13.

[120] *Martin*, Veranstaltung der Deutschen Vereinigung für Parlamentsfragen (Fn. 11), sten. Niederschrift, S. 55.

heit der Rechtsetzung zum Teil verloren". Beiden, der Exekutive und der die Regierung tragenden Parlamentsmehrheit, ist
es häufig gar nicht unangenehm, gerade in politisch wichtigen
und umstrittenen Fragen auf stillem und internem Wege, unter
Ausschluß der Opposition und der mit jeder Parlamentsgesetz-
gebung einhergehenden Öffentlichkeit, in den Formen inner-
dienstlicher Vorschriften Entscheidungen zu fällen. Die Beispiele etwa aus dem schulischen Bereich sind zahlreich.

Dilatorische Formeln und geschäftige Erledigung technischen
„Kleinkrams" statt politischer Sachentscheidung sind aber
auch deswegen zunehmend anzutreffen, weil Mehrheiten im
Parlament teilweise knapp geworden sind und gerade in politisch umstrittenen Fragen wegen koalitions- oder fraktionsinter-
ner Spannungen zu zerbröckeln drohen. Der Bereich des Atom-
rechts, des Immissionsschutzrechts und in Sonderheit die legisla-
torische Untätigkeit in bezug auf die Immissionswerte bieten
mannigfaltiges Anschauungsmaterial.

6. Modifikation der Sachgesetze
unter kompetentiellen Aspekten

Das allmähliche Hineinwachsen der rechtsprechenden Gewalt
in die Rolle eines apokryphen Gesetzgebers[121], der zunehmend
voluntativ-dezisionäre Rechtschöpfung ohne die entscheidungs-
steuernde Kraft des Gesetzes im Hintergrund betreibt, ist aller-
dings nicht allein auf ein Versagen des Gesetzgebers zurückzu-
führen. Auch die Rechtslehre und vor allem die rechtsprechende
Gewalt selbst tragen für diese Entwicklung Verantwortung. Was
speziell die Lehre zum öffentlichen Recht anlangt, so wurden
trotz der immerwährenden Diskussion um den exekutivischen
Beurteilungsspielraum die Grundzusammenhänge zwischen der
Struktur des materiellen Rechtssatzes und der richterlichen Kontrollkompetenz, die darin steckenden Möglichkeiten, Folgen und
Gefahren für das Gewaltenteilungssystem in der Vergangen-
heit nicht ausreichend verdeutlicht. Ausgangspunkt ist die gesicherte Erkenntnis, daß das Ausmaß der Richterkontrolle von
dem Maß der Rechtsbindung des Kontrollierten abhängt und

---

121 Siehe schon *Werner*, Bemerkungen zur Funktion der Gerichte (Fn. 30),
S. 168.

daß dieses Maß in allererster Linie der Gesetzgeber bestimmt. „In seiner Hand liegt damit" — wie es *Bettermann* formulierte[122] — „auch die Entscheidung, wieweit die Rechtsweggarantie des Art. 19 IV GG zum Zuge kommt." Gewiß, der Spielraum des Sachgesetzgebers ist nicht unbegrenzt, die Rechtsschutzgarantie des Art. 19 IV GG ist vor einem Unterlaufenwerden zu bewahren[123]. Aber im Grundsatz besteht (auch) eine Komplementarität von Tatbestandsstruktur des materiellen Rechtssatzes und judikativer Kontrollkompetenz bzw. Kontrolldichte.

Diese Erkenntnisse sollte sich auch der Gesetzgeber zunutze machen, wenn es wegen der Natur der Sache oder aus sonst einleuchtenden Gründen erforderlich erscheint, exekutivische Prognosen etwa auf ökonomischem oder energiepolitischem Gebiet oder fachliche Begutachtungen naturwissenschaftlich-technisch sachverständiger Gremien als „letztverbindlich" gelten zu lassen. Statt darauf zu hoffen, daß irgendein Verwaltungsgericht den Mut hat, den Kreis der bisher anerkannten Fälle sog. administrativer Beurteilungsspielräume zu erweitern[124], sollte der Gesetzgeber selbst seine Sachnormen in kompetentieller Hinsicht präzisieren. Statt in den erwähnten Beispielsfällen den Sachgegenstand selbst, könnte er den subjektgebundenen Beurteilungs- oder Bewertungsvorgang und das subjektgebundene Beurteilungs- bzw. Bewertungsergebnis über jenen Sachgegenstand zur tatbestandlichen Voraussetzung erheben[125]. Auch durch Art. 19 IV GG ist es dem Normsetzer nicht unter allen Umständen geboten, Tatbestandsmerkmale wie das des „künftigen Energiebedarfs", der „gesamtwirtschaftlichen Erfordernisse" oder der „Vorsorge nach dem Stand von Wissenschaft und Technik" aufzustellen. Es ist ihm im Grundsatz nicht verwehrt, statt dessen — unter näherer verfahrens- und kompetenzrechtlicher Präzisierung — die amtliche Energiebedarfsprognose, die

---

[122] AöR 96 (1971), S. 559.
[123] Vgl. BVerfGE 8, S. 276 Ls. 7 und S. 325, wo u. a. aus der Rechtsschutzgarantie das Gebot hinreichender Bestimmtheit der Eingriffsnorm abgeleitet worden ist.
[124] Zur Ausweglosigkeit dieses Ansatzes siehe auch *Ossenbühl*, Die gerichtliche Überprüfung (Fn. 10), S. 50 ff.; *Breuer*, DVBl. 1978, S. 34.
[125] Siehe auch *Ossenbühl*, aaO. (Fn 10), S. 60 ff.; vgl. ferner *Breuer*, AöR 101 (1976), S. 46 (77 f.); *Schmitt Glaeser*, Der Landkreis 1976, S. 442 (450 f.).

gouvernmentale ökonomische Leitentscheidung oder die technisch-wissenschaftlichen Beurteilungen und Bewertungen fachlich kompetenter Gremien zur administrativen Entscheidungsvoraussetzung zu erheben[126]. Er kann ihnen damit gegenüber der richterlichen Kontrollfunktion eine Art „Tatbestandswirkung" beilegen.

Jene Modifikation der Sachnormen unter kompetentiellen Aspekten eignen sich sicher nicht für alle und für beliebige Tatbestandsmerkmale. Es kann auch nicht darum gehen, administrative Beschlußkompetenzen ohne judikative Kontrolle zu konstituieren und jene auch noch aus der Regierungsverantwortung herauszulösen[127]. In Frage steht nur eine verbindliche Bewertung *einzelner* Entscheidungselemente in einem funktionsadäquaten administrativen oder gouvernementalen Verfahren und durch ein funktionsgerecht besetztes Organ. Die diesbezüglichen Möglichkeiten und verfassungsrechtlichen Grenzen des Normsetzers müßten dringend wissenschaftlich präzisiert und damit für die praktische Gesetzgebung nutzbar gemacht werden.

7. Aufgabe rationaler Rechtsanwendungsmethoden

Ausuferungen der rechtsprechenden Gewalt sind aber nicht nur die Folgen eines Versagens von Gesetzgebung und Dogmatik, sondern in gewissen Bereichen von der Judikative selbst veranlaßt. Dabei geht es nicht um einige zweifelhafte Urteile, sondern um gewisse Grundlinien der heutigen Judikatur. Die eine ist gar nicht von der Verwaltungsgerichtsbarkeit selbst, sondern vom BVerfG eingeleitet und entwickelt worden. Ich meine die teilweise Ersetzung oder Preisgabe der traditionellen, auf Rationalität ausgerichteten logischen Prozeduren und Modi gesetzesanwendender Rechtsfindung durch die dem Grundgesetz entnommenen oder unterlegten „Philopheme" wie die „Wertordnung", das „Menschenbild", die „Wechselwirkung von Grundrecht und Schranke" und die „verfassungsgesteuerte" „Güter- und Interessenabwägung"[128].

---

[126] So auch *Hansmann*, Referat 52. DJT, These 13.

[127] Ebenso *Hansmann*, aaO. (Fn. 126), These 16; *Hanning/Schmieder*, aaO. (Fn. 119), S. 14.

[128] Vgl. auch die grundsätzliche Kritik bei *Forsthoff*, Der Jurist in der industriellen Gesellschaft, NJW 1960, S. 1273 (1275, 1277); *Eckertz*, Die Kompetenz des BVerfG und die Eigenheit des Politischen, Der Staat 17 (1978), S. 199, Fn. 69.

Ein wichtiges Beispiel bietet die seit dem Lüth-Urteil vom BVerfG[129] praktizierte Theorie von der speziellen Wechselwirkung zwischen den Grundrechten des Art. 5 I und ihren verfassungsrezipierten Schranken in den „allgemeinen Gesetzen" (Art. 5 II GG)[130]. Die „allgemeinen Gesetze" sollen dem Grundrecht der Meinungs- und Pressefreiheit entgegen dem Wortlaut der Verfassung nicht mehr unbedingt Schranken setzen. Die Grenzziehung zwischen Freiheit und Bindung soll erst aufgrund einer zusätzlichen Abwägung der widerstreitenden Interessen durch die rechtsanwendenden Organe möglich sein. Eingriffe der Exekutive in die Meinungs- und Pressefreiheit sind nach dieser Judikatur nicht schon deshalb zulässig, weil sie durch „allgemeine Gesetze" gedeckt sind. Es wird zusätzlich gefragt, ob den mit dem Eingriff verfolgten Interessen und geschützten Rechtsgütern unter Berücksichtigung aller Umstände des Einzelfalls der Vorrang vor den beeinträchtigten Interessen des Grundrechtsträgers gebührt[131].

In diesem Zusammenhang gehört ferner die bundesverfassungsgerichtliche Version der „Immanenzlehre", die in aller Deutlichkeit im Mephisto-Beschluß des BVerfG[132] zur Kunstfreiheitsgarantie des Art. 5 III GG entwickelt worden ist. Fehlt einem Grundrecht, wie dem der Kunstfreiheit, ein ausdrücklicher Schrankenvorbehalt, so bedeutet dies nach der Auffassung des BVerfG, daß die Grundrechtsgrenzen „nur von der Verfassung selbst bestimmt sind"[133]. Ein Gesetzesvorbehalt jeder Art wird verneint mit der Folge, daß nicht einmal der Parlamentsgesetzgeber gewisse elementare Schranken bestimmen darf. Diese sollen allein von den rechtsanwendenden Organen mittels eines „verfassungsgesteuerten", abwägenden Vorgangs ermittelt werden können. Im Radikalen-Beschluß hat das BVerfG[134] die schon vorher feststellbare Tendenz seiner Judikatur, jenes Abwägungserfordernis auch auf andere Grundrechte, insbesondere auf

---

[129] BVerfGE 7, S. 198 (207 f.).
[130] Siehe auch *Papier*, Über Pressefreiheit, Der Staat 13 (1974), S. 405 f. m. w. Nachw.
[131] Zur Kritik siehe insbes. *Bettermann*, Die allgemeinen Gesetze als Schranken der Pressefreiheit, JZ 1964, S. 603 ff.; vgl. auch *Hesse*, Grundzüge des Verfassungsrechts der Bundesrepublik Deutschland, 10. Aufl. 1977, S. 135.
[132] BVerfGE 30, S. 173 ff.
[133] BVerfGE 30, S. 173 (193).
[134] BVerfGE 39, S. 334 (367).

Art. 2 I, 8 I und 9 I GG zu übertragen, ausdrücklich bestätigt. Es hat in dieser Entscheidung den für alle Freiheitsrechte gedachten Satz wiederholt: „Der einzelne muß sich diejenigen Schranken seiner Handlungsfreiheit gefallen lassen, die der Gesetzgeber zur Pflege und Förderung des sozialen Zusammenlebens *in den Grenzen* des bei dem gegebenen *Sachverhalt* allgemein *Zumutbaren* zieht, vorausgesetzt, daß dabei die Eigenständigkeit der Person bewahrt bleibt"[135].

Die Grundrechtsjudikatur des BVerfG ist also gekennzeichnet durch die Weigerung, dem — demokratisch legitimierten — Gesetzgeber die abschließende Grenzziehung zwischen Freiheit und Bindung zu überlassen, und zwar auch dort, wo ausdrückliche Verfassungsvorbehalte zugunsten der Legislative existieren. Die grundrechtlichen Gesetzesvorbehalte und damit die Interessenbewertungen und -abwägungen des Gesetzgebers werden auf der Grundlage dieser Judikatur zunehmend durch die Interessenbewertung und -abwägung des im Einzelfall entscheidenden Richters überlagert und modifiziert. In jener Ersetzung der grundrechtlichen Gesetzesvorbehalte durch Urteilsvorbehalte[136] zeigt sich der „kompetenzrechtliche Elementarfehler"[137] jener verfassungsgerichtlichen Judikatur.

Solange jene keine Korrektur erfährt, bleibt es bei dem an die Instanzgerichte gerichteten Gebot der Güter- und Interessenabwägung im Einzelfall. Von diesem Gebot sind übrigens nicht nur die Richter der öffentlich-rechtlichen Gerichtsbarkeiten betroffen, sondern wegen der Erstreckung jenes Abwägungsprinzips und „Wechselwirkungsgedankens" auf den grundrechtsbeschränkenden Privatrechtssatz auch der Zivilrichter[138]. Den Gerichten steht dabei im wesentlichen nur das jeder Rationalität und Voraussehbarkeit der Rechtsfindung entbehrende Argumentationsmuster der „Wertordnung" des Grundgesetzes, der

---

[135] AaO., S. 367. Hervorhebungen sind von mir.
[136] Siehe schon *Lerche*, Übermaß und Verfassungsrecht, 1961, S. 150: „Der Charakter des Allgemeinen wird auf diese Weise in Frage gestellt, aus einem Gesetzesvorbehalt wird ein Urteilsvorbehalt, und die prozessualen Weiterungen sind unübersehbar und nicht ungefährlich".
[137] *Rupp*, DVBl. 1972, S. 67.
[138] Siehe etwa BVerfGE 35, S. 202 (220/21); 18, S. 85 (93 f.); 30, S. 173 (188, 196 f.); 25, S. 256 (263 ff.); sowie BGH, NJW 1978, S. 1797 ff.; vgl. auch *Papier*, „Spezifisches Verfassungsrecht" und „einfaches Recht" als Argumentationsformel des Bundesverfassungsgerichts, in: Bundesverfassungsgericht und Grundgesetz, 1976, S. 432 ff. (445 ff.).

„wertsetzenden" Bedeutung einzelner Grundrechte und des grundgesetzlichen „Menschenbildes" zur Verfügung. Diese von *Forsthoff*[139] als „Einbuße" an „institutionellem" und rationalem „Niveau" bezeichnete Erscheinung drückt in der Tat einen von der rechtsprechenden Gewalt usurpierten oder angemaßten Entscheidungsraum aus.

8. Richterliche „Gegenprognosen" in summarischen Verfahren

Der Vorwurf eines Übergriffs der Verwaltungsgerichte auf die politischen Funktionen der ersten und zweiten Gewalt scheint mir zum Teil auch in einem weiteren Bereich gerechtfertigt zu sein: Es geht um die in der Praxis häufigen und überaus wichtigen verwaltungsgerichtlichen *Eil*verfahren nach administrativen Genehmigungen von Kraftwerken und anderen industriellen Großvorhaben sowie nach Planfeststellungsbeschlüssen für umweltrelevante Verkehrsanlagen. Vornehmlich im Zusammenhang mit der Errichtung von Kernkraftwerken waren Behörden in den letzten Jahren dazu übergegangen, ihre Genehmigungs- bzw. Teilgenehmigungsbescheide aus Gründen des öffentlichen Interesses an ausreichender und gesicherter Stromversorgung gemäß § 80 II Nr. 4 VwGO für sofort vollziehbar zu erklären. Dies hatte eine Vielzahl gerichtlicher Aussetzungsverfahren nach § 80 V VwGO zur Folge[140]. Diese endeten nicht selten — salopp ausgedrückt — mit einem gerichtlich verfügten Baustopp, oder juristisch präziser: mit einem Beschluß des Verwaltungsgerichts,

---

[139] NJW 1960, S. 1277.
[140] Vgl. BayVGH, Beschl. v. 22. 11. 1974 — Grafenrheinfeld —, DVBl. 1975, S. 199; VG Würzburg, Beschl. v. 26. 8. 1974 — Grafenrheinfeld —, ET 1974, S. 587; OVG Koblenz, Beschl. v. 9. 6. 1976 — Mülheim-Kärlich —, ET 1976, S. 539 ff. sowie Beschl. v. 3. 5. 1977, DVBl. 1977, S. 730; OVG Lüneburg, Beschl. v. 19./20. 6. 1974 — Stade —, DVBl. 1975, S. 190 ff.; VGH Mannheim, Beschl. v. 8. 10. 1975 — Wyhl —, DVBl. 1976, S. 538 ff.; VG Freiburg, Beschl. v. 14. 3. 1975 — Wyhl —, DVBl. 1975, S. 343 ff.; VGH Mannheim, Beschl. v. 3. 4. 1973 — Neckarwestheim —, ET 1973, S. 248 ff.; VG Schleswig, Beschl. v. 9. 2. 1977 — Brokdorf —, NJW 1977, S. 644; OVG Lüneburg, Beschl. v. 17. 10. 1977 — Brokdorf —, DVBl. 1978, S. 67 ff.; VG Hannover, Beschl. v. 2. 6. 1977 — Grohnde —, DVBl. 1978, S. 74 ff.; VG Karlsruhe, Beschl. v. 18. 8. 1978 — Philippsburg II —, DVBl. 1978, S. 856 ff.; s. auch OVG Münster, Beschl. v. 16. 6. 1978 — Kalkar —, DVBl. 1978, S. 853 ff.; vgl. auch OVG Lüneburg, Beschl. v. 20. 2. 1975 — Chemiewerk „Dow Chemical" —, ET 1975, S. 234 ff.

durch den die aufschiebende Wirkung eines von Drittbetroffenen gegen den Genehmigungsbescheid eingelegten Rechtsbehelfs wiederhergestellt wurde[141].

Es waren nicht zuletzt jene Aussetzungsverfahren, die den Vorwurf richterlicher Amtsanmaßung auslösten. Die Betroffenheit der beteiligten oder interessierten politischen und administrativen Instanzen sowie der Betreiber wird verständlich, wenn man die gewissen faktisch-präjudiziellen Wirkungen[142] jener im Eilverfahren gefällten Beschlüsse und die Dauer der Hauptsachenprozesse berücksichtigt. Diese Aussetzungsverfahren haben schwierige Rechtsfragen zutage treten lassen, auf die die Verwaltungsgerichte z. T. noch keine überzeugenden und vor allem noch keine einheitlichen Antworten gefunden haben[143]. Ich möchte jedoch diese Unklarheiten und Ungleichheiten in der Anwendung des § 80 V VwGO hier nicht in voller Breite darstellen. *Ein* Teilkomplex bedarf aber unter der hier behandelten Fragestellung näherer Würdigung: § 80 V 1 VwGO bestimmt, das Gericht der Hauptsache könne in den Fällen, in denen der Sofortvollzug besonders angeordnet worden sei, die aufschiebende Wirkung ganz oder teilweise wiederherstellen. Über Voraussetzungen und Maßstäbe eines solchen Aussetzungsbeschlusses hüllt sich das Gesetz in Schweigen. Es dürfte heute jedoch als gesichert gelten, daß das Verwaltungsgericht, sofern sich die administrative Vollziehungsanordnung als rechtlich überhaupt möglich erweist, sie ordnungsgemäß ergangen und den Anforderungen des § 80 III VwGO entsprechend begründet ist, ferner der Aussetzungsantrag zulässig ist, eine eigene Ermessensentscheidung unter Ab-

---

141 VG Würzburg, Beschl. v. 26. 8. 1974 — Grafenrheinfeld —, ET 1974, S. 587 (Beschl. aufgehoben vom BayVGH, Beschl. v. 22. 11. 1974, DVBl. 1975, S. 199); VG Freiburg, Beschl. v. 14. 3. 1975 — Wyhl —, DVBl. 1975, S. 343; VG Schleswig, Beschl. v. 9. 2. 1977 — Brokdorf —, NJW 1977, S. 644; VG Koblenz, Beschl. v. 4. 2. 1977 — Mülheim-Kärlich —, DVBl. 1977, S. 360 (Beschl. aufgehoben vom OVG Koblenz, Beschl. v. 3. 5. 1977, DVBl. 1977, S. 730); OVG Lüneburg, Beschl. v. 17. 10. 1977 — Brokdorf —, DVBl. 1978, S. 67 ff.
142 Siehe insbes. *Gelzer*, Die sofortige Vollziehung von Genehmigungsbescheiden für industrielle Großanlagen und Kernkraftwerke, BauR 1977, S. 1 (2).
143 Vgl. dazu *Papier*, Rechtsfragen des Sofortvollzuges, in: Rechtsfragen des Genehmigungsverfahrens von Kraftwerken, Veröffentlichungen des Instituts für Energierecht an der Universität zu Köln, Heft 41/42, S. 86 ff.; *Ule*, Verantwortung der Verwaltungsgerichte für wirtschaftliches Risiko?, Gew-Arch 1978, S. 73 ff.

wägung der für und wider den Sofortvollzug sprechenden öffentlichen und privaten Interessen zu treffen hat[144]. Das Verwaltungsgericht wird dem Aussetzungsantrag nicht stattgeben, wenn ein besonderes öffentliches oder überwiegendes privates Interesse gerade an der sofortigen Vollziehung der Genehmigung besteht. Es müssen dafür überwiegende Nachteile glaubhaft gemacht werden, die speziell daraus resultieren, daß es infolge des Hauptsachenverfahrens voraussichtlich zu Verzögerungen des Baubeginns und der Inbetriebnahme der Anlage kommen wird[145]. Die der Nachteilsprognose zugunde liegenden Tatsachen und Tatsachenentwicklungen müssen sich als wahrscheinlich erweisen.

Dabei spielen nun z. B. in den Aussetzungsverfahren im Zusammenhang mit Kraftwerksgenehmigungen die Strombedarfsprognosen eine zentrale Rolle. Einige Verwaltungsgerichte, beispielsweise das VG Freiburg in dem das Kernkraftwerk Wyhl betreffenden Eilverfahren[146], stellten den von den beteiligten Ministerien und den beigeladenen Elektrizitätsversorgungsunternehmen vorgelegten Bedarfsprognosen eigene Gegenprognosen gegenüber. Gestützt auf Sachverständigengutachten und Auskünfte privater Wirtschaftsforschungsinstitute hielt man jene Gegenprognosen für realistischer. Wegen ihres deutlich niedrigeren Ansatzes bei der Strombedarfszunahme erschienen so die Verzögerungsnachteile weitaus geringer. Die bekannten Aussetzungsbeschlüsse waren das Ergebnis.

Hier hat nun unter kompetenzrechtlichen Gesichtspunkten deutliche Kritik anzusetzen. Annahmen über künftige Strombedarfsentwicklungen sind komplexer Natur. Es geht nicht nur um diagnostisch-kognitive Beurteilungen von Tatsachen, sondern auch um volitiv-politische Dezisionen über das *anzustrebende* Wachstum des Bruttosozialprodukts und über die politischen, ökonomischen und technologischen Wege dorthin.

---

[144] *Papier*, aaO. (Fn. 143), S. 89 m. Nachw.
[145] Das für den Ausspruch der Genehmigung oder Teilgenehmigung schon selbst erforderliche öffentliche oder private Interesse reicht zur Rechtfertigung des *Sofortvollzuges* nicht; vgl. BVerwG, NJW 1974, S. 1294 = DÖV, 1974, S. 422 = DVBl. 1974, S. 566.
[146] DVBl. 1975, S. 343 (346); vgl. auch BayVGH, DVBl. 1975, S. 199 (205 f.); weit zurückhaltender dagegen OVG Koblenz, ET 1976, S. 539 (548). Für eine umfassende gerichtliche Prognoseentscheidung auch *Blümel*, DVBl. 1975, S. 698 ff.

Vergleichbare Komplexität weisen auch andere Bedarfsprognosen auf, etwa auf den Gebieten der Verkehrs-, Bildungs- und sozialen Entwicklung. Bedarfsprognosen in diesen Dimensionen liegen zum erheblichen Teil Willensentschließungen der politischen Staatsleitung bzw. ihrer verfassungsmäßig berufenen Träger zugrunde. Diese volitiv-staatsleitenden Akte dürfen in keinem Fall von den Verwaltungsgerichten ignoriert und durch eine Gegenprognose über das Wirtschaftswachstum etc. ersetzt werden[147]. Die parlamentarisch verantwortliche Regierung und das Parlament selbst besitzen insoweit eine legitime Richtlinien- und Maßstabskompetenz[148]. Die Verwaltungsgerichte sind — soll eine eindeutige Usurpation politischer Funktion vermieden werden — auch im Rahmen der Abwägung nach § 80 V VwGO allein berufen, auf der Grundlage jener amtlichen Bedarfsprognosen zu entscheiden. Sie dürfen zwar in diagnostisch-kognitiver Hinsicht eine Plausibilitätsprüfung vornehmen, aber an die wirtschafts- und allgemeinpolitischen Zielprojektionen sowie an die energiepolitischen Leitentscheidungen der Exekutive darüber, auf welchen ökonomischen und technologischen Wegen diese Ziele verfolgt werden sollen, sind sie unabweislich gebunden. Das Kartellrecht bringt diesen gewaltenteilungsrechtlichen Elementarsatz besonders zum Ausdruck: Dem über eine kartellrechtliche Verfügung entscheidenden Richter ist gem. § 70 IV 2 GWB „die Würdigung der gesamtwirtschaftlichen Lage und Entwicklung" untersagt.

9. Der Verwaltungsrichter als apokrypher Gesetzgeber

Die hier aufgezeigten Entwicklungen der rechtsprechenden Gewalt zu einem apokryphen Gesetzgeber werden speziell bei der Verwaltungsgerichtsbarkeit durch folgenden Umstand verstärkt bzw. ergänzt: Die Binnenstruktur der *exekutivischen* Entscheidungsträger wird heute in großem Maße nicht durch den allgemeinjuristischen Sachverstand und die spezifisch rechtswissenschaftlichen Methodenlehren und Einsichten bestimmt. Admini-

---

147 Vgl. auch VGH Mannheim, ET 1973, S. 249, wo entscheidend auf die Erfüllung der Plansätze des Landesentwicklungsplans abgestellt worden ist. Eine judikative Gegenprognose wird auch vom OVG Koblenz, ET 1976, S. 548, abgelehnt; siehe ferner *Breuer*, NJW 1977, S. 1128; *Papier*, aaO. (Fn. 143), S. 102 f.
148 Vgl. *Scholz*, VVDStRL 34, S. 174 ff.

strative Entscheidungen werden in erheblichem Umfange von nicht rechtswissenschaftlich geschulten Verwaltungsbeamten[149] sowie von Organen der Selbstverwaltung gefällt oder beeinflußt. Die Absolventen der neuen Fachhochschulen für Verwaltung werden den Konkurrenzdruck, dem sich der rechtswissenschaftlich vorgebildete Verwaltungsfachmann gegenübersieht, noch weiter verstärken[150]. Auch dort, wo Juristen tätig sind, handelt es sich mehrheitlich um Personen, die von dem spezifischen Fachwissen geprägt sind und als entsprechende Fachleute handeln, denen aber die Einsichten in die Grundzusammenhänge, Bedingtheiten, Entwicklungsmöglichkeiten und -notwendigkeiten des Rechts teilweise fehlen bzw. die jene verdrängen[151].

Dies führt zweifellos zu einer gewissen „Leitsatz"-orientierung und -mentalität sowie „Justizhörigkeit" der Exekutive. Die verwaltungsgerichtlichen Entscheidungen erlangen so über den behandelten Einzelfall hinaus in den Augen der Verwaltung meist eine unangemessene Grundsätzlichkeit und Präjudizialität. Verwaltungsgerichtliche Urteile — auch der unteren Instanzen — werden für die Träger der zweiten Gewalt und in verstärktem Maße auch für die der Jurisdiktion immer häufiger „nachlaufenden" Legislative[152] zu einer tabuisierten Richtschnur der Behandlung aller vergleichbaren oder vermeintlich vergleichbaren, gegenwärtigen und künftigen Fallgestaltungen[153].

IV. Schlußbemerkung

Mit der vereinfachenden Gegenüberstellung von „Gesetzgebungsstaat" und „Justizstaat" ist weder der verfassungsnormative Systementwurf des Grundgesetzes noch das faktische Zusammenspiel der Gewalten hinreichend deutlich umschrieben. Es war Sinn dieses Vortrages, die weit diffizileren Zusammenhänge sowie die drohenden Gefahren für eine Ausbalancierung der Gewalten anhand sicher ergänzbarer und teilweise auch auswechselbarer Beispiele aufzuzeigen. Eines sollte dabei aber auch

---

[149] Vgl. *Werner*, Zur Kritik an der Verwaltungsgerichtsbarkeit (Fn. 30), S. 310.
[150] Vgl. auch *Wagener*, aaO. (Fn. 86), Leitsatz IV 3.
[151] Siehe auch *Forsthoff*, NJW 1960, S. 1273 (1276).
[152] Richtig gesehen von *Kretschmer*, Diskussionsbeitrag (Fn. 11), S. 49.
[153] Vgl. auch *Werner*, Bemerkungen zur Funktion der Gerichte (Fn. 30), S. 168.

deutlich geworden sein: Schreitet der Prozeß der Verlagerung rechtsschöpferischer Funktionen auf die Judikative unvermindert voran, dann wird nicht nur die Grundordnung der parlamentarischen Demokratie in Frage zu stellen sein. Jener Prozeß würde unausweichlich auch zum Verlust der Rationalität des Rechts überhaupt führen. Es kann keine Frage sein, daß bei einer solchen „Irrationalisierung" des Rechts am Ende die Depossedierung oder „Selbstdepossedierung" der rechtsprechenden Gewalt und des Richters selbst steht[154].

---

[154] Siehe *Forsthoff*, NJW 1960, S. 1275.